공간의 위로

삶을 바꾸는 나만의 집

공간의 위로

소린 밸브스 지음

윤서인 옮김

문예출판사

SOULSPACE
by Xorin Balbes

Copyright © 2011 by Xorin Balbes
Published by arrangement with William Morris Endeavor Entertainment, LLC.
All rights reserved.

Korean Translation Copyright © 2014 by Moonye Publishing Co., Ltd.
Korean edition is published by arrangement
with William Morris Endeavor Entertainment, LLC.
through Imprima Korea Agency.

이 책의 한국어판 저작권은 Imprima Korea Agency를 통해
William Morris endeavor Entertainment, LLC.와 독점 계약한 (주)문예출판사에 있습니다.
저작권법에 의해 한국 내에서 보호를 받는 저작물이므로 무단전재와 무단복제를 금합니다.

일곱 살 된 내게
거실을 새로 꾸미는 일을 맡기시고
내가 언젠가는 책을 한 권 쓸 거라고 항상 말씀하셨던
내 어머니께 이 책을 바칩니다.

"아름다움을 창조하라,
오감을 흥분시키기 위해서가 아니라
영혼에 자양분을 주기 위해."

- 가브리엘라 미스트랄(Gabriela Mistral, 칠레의 작가)

* 옮긴이 주는 〔 〕로 표기했습니다.

차례

추천하는 말 10
들어가는 말 14

1장 과거를 알기
1단계 평가하라 37
2단계 방출하라 79
3단계 청소하라 107

2장 미래를 표현하기
4단계 꿈꾸라 133
5단계 발견하라 155
6단계 창조하라 175

3장 현재에 살기
7단계 향상하라 201
8단계 축하하라 227

끝맺는 말 240
감사하는 말 243
옮긴이의 말 245

추천하는 말

 나는 타탄레인 3616번지에서 자랐다. 그곳에 내가 두 살 때 부모님이 지으신 집이 있었다. 우리에게 3616번지는 정서적 베이스캠프였다. 자라는 동안 나는 모든 집이 정서적 베이스캠프는 아니라는 것을 알지 못했다. 부모님은 세계를 두루 여행하셨고, 이국적인 수많은 곳에 우리를 데려가셨다. 하지만 우리 집이 어디인지에 대해서는 추호의 의심도 없었다. 아무리 먼 곳으로 여행을 가더라도 모든 여행의 출발지와 종착지는 우리 집이었다. 여행의 가장 좋은 부분은 집에 돌아오는 거라고 아버지는 말하곤 하셨다.

 내 부모님만큼 세상 곳곳을 여행하지는 않지만 요즘 나는 자주 여행을 한다. 그리고 정신없이 바쁜 일정 속에서 내가 내 집에 돌아와 편히 쉬고 기운을 되찾을 수 없다면 내 인생이 어떠할지 상상할 수도 없다. 이 훌륭한 책에서 소린 밸브스가 자주 말하듯이, 내 아파트는 영혼의 공간, 즉 내 마음의 안식처다. 그리고 그 영혼의 공간 덕분에 내가 인생을 경험하는 방식이 엄청나게 달라진다.

당신이 사는 공간은 당신이 누구인지를 거울처럼 보여주고 당신이 변화를 꾀하게 도와줄 수 있다고 이 책은 주장한다. 내가 소유한 아프리카 공예품이 지난 시절 내가 야생에서 보낸 흥미로운 한때를 상징한다는 것을 나는 알고 있다. 그 물건 옆에 있는, 돌아가신 할머니의 안락의자는 내게 베풀어주신 할머니의 사랑을 떠올리게 해준다. 그 안락의자에 앉아 어머니의 결혼사진을 쳐다보면 나는 결혼식 날 어머니가 느꼈을 감미로운 행복에 젖어든다. 이 모든 물건은 내 몸과 마음을 평온하게 해준다. 크리스털의 힘을 깨닫기 훨씬 전부터 나는 어느 곳에 살든지 크리스털을 주변에 놓아두었다. 그리고 타이완의 사원 옆에 있는 선물 가게에서 5달러를 주고 산 탁본을 갖고 있다. 내 집에서는 그 값비싼 크리스털과 값싼 탁본이 똑같이 가장 중요한 물건이며, 나는 돈과 의미는 별개라는 것을 알고 있다. 소린이 힘주어 말하듯이 "영혼의 공간을 창조하는 과정은 성장을 향한 끝없는 여행이다. 소유를 향한 여행이 아니다." 내게는 샌타 바버라의 한 꽃집에서 산 불상이 있다. 세계 도처에서 강연할 때 사람들이 선물한 크리스털 몇 개를 나는 그 불상의 양손에 올려놓았다. 그 물건들은 인생에서 무엇이 중요한지, 그리고 내가 얼마나 많이 감사해야 하는지 일깨워준다.

내 어머니와 할머니는 당신들이 사는 공간과 그 안에 있는 물건을 애정을 다해 돌보셨다. 그렇게 훌륭한 본보기가 되어준 분들 옆에서 어린 시절을 보낸 나는 정말로 운이 좋았다. 그 후에는 나보다 훨씬 더 풍부한 지식을 갖춘 사람들에게서 많은 것을 배웠다. 그들은 내 집에 와서 고리타분한 집 안 장식을 약간 바꾸는 게 좋겠다고 정중하게 권하거나 옷장 속의 잡동사니가 내 직업 운을 떨어뜨린다거나 침실의 가구 배치가 내 성생활을 방해하고 있다고 조심스럽게 지적한다. 어떤 디자인 전문가는 패브릭에 대한 세련된 안목을 갖게 도와주고, 어떤 전문가는 아무 장식이 없는 빈 벽을 겁내지 말라고 가르친다. 이 책은 생활공간을 꾸미는 법 그 이상을 알려준다. 이 책은 우리 자신을 돌보는 법을 가르친다. 단순히 공간을 장식하는 것에서 그치지 않고 그 공간을 더 깊이 이해하게 해준다. 육체적 안락은 물론이고 정서적 안락까지 제공하는 공간을 창조하는 법을 가르친다.

우리는 자신이 거주하는 공간을 진짜 내 집으로 느끼고 그곳에서 실제로 내 집처럼 편안하기를 열망한다. 이 책에서 소린은 그 점을 우리에게 상기시킨다. 우리가 살고 있는 공간이 우리의 영혼을 표현할 때 우리는 그곳을 진짜 내 집처럼 느끼고 편안하게 쉴 수 있다. 이 말에 전적으로 수긍하지만 자기 공간에 자기 영혼을 표현하는 방법을 모른다면 이 책을 읽으라. 신비한 마법사 멀린이 디자이너가 되어 나타났다고 상상해보라. 그가 바로 소린 밸브스다. 당신의 공간을 꾸미는 법을 알려주는 신비로운 책이 한 권 있다고 상상해보라. 그것이 바로 이 책 《공간의 위로》다.

《공간의 위로》는 모든 사람이 집들이 선물로 받아야 하는 책이다. 자기 집을 만족스럽게 꾸미지 못하는 친구에게, 평화를 갈망하지만 잡동사니와 난장판 속에서 정신없이 살고 있는 사람에게 이 책을 조용히 선물하라. 이 책은 독특하다. 그리고 공간 디자인과 아름다움과 공간을 장식하는 방법에 관한 지혜로 가득하다. 뿐만 아니라 우리 자신과 변화와 인생을 개선하는 방법에 관한 지혜로 가득하다.

당신의 참모습과 가장 깊은 열망을 당신의 공간에 더 많이 표현하고 싶은가? 그렇다면 《공간의 위로》는 당신이 조언을 구할 수 있는 가장 훌륭한 책이다. 이 책은 진실하고 아름다운 것을 추구하는 여행을 통해 당신과 당신의 공간을 이끌어준다. 그리고 목적지에 이르면 당신은 자기 공간에서는 물론이고 자기 영혼 속에서도 정말로 내 집에 있는 것처럼 편안해진다.

메리앤 윌리엄슨 (《기적으로 이끄는 나이》 지은이)

들어가는 말

영혼의 공간에 이르는 여덟 단계

어디에서 살아요?

우리가 가장 자주 듣는 질문 중 하나다. 그리고 우리에게는 대답이 항상 준비되어 있다. '어느 동네에서 살아요.' 또는 '어느 도시에서 살아요.' 또는 '어느 나라에서 살아요.'

저 질문을 새로운 방식으로 숙고해보라.

어디에서 '살고' 있는가? 어디에 있을 때 '살아 있다고' 느끼는가? 어디에 있을 때 안전하고 평화롭고 희망차고 든든하다고 느끼는가? 취미에 열중하고 깊이 사색하고 배우고 사랑할 수 있게 해주는 곳은 어디인가? 당신이 사는 곳은 현관에 들어설 때마다 안전하고 평온한 느낌을 주는 아름다운 공간이 아니라 낮 시간에 당신의 물건을 그냥 보관해두는 창고일 뿐인가? 그렇다면 뭔가 잘못된 것이다. 집은 소유물을 놔두는 장소 그 이상이어야 한다. 육체가 기운을 되찾고 열정이 충족될 수 있는 곳, 자기 자신과 자신의 열망을 안전하게 탐구할 수 있는 곳, 영혼이 편히 쉬고 영감을 얻고 고양될 수 있는 곳이어야 한다. 집에서 우리는 동물적 욕구를 충족한다. 즉 그곳을 안정된 거처로 삼아 음식을 먹고 잠을 잔다. 하지만 집은 인류의 근간을 이루는 다른 욕구, 즉 아름다움과 사랑과 창의성에 대한 욕구를 통해 지상에서 초월적 경지에 이르는 것과도 관계가 있다.

지난 10년 동안 나는 한 가지 목표를 가지고 집을 리디자인(redesign) 했다. 그 목표란 그 집에서 살고 있는 사람이 단순히 존재하는 게 아니라 크게 번창할 수 있는 공간을 창조하도록 돕는 것이었다. 나는 평화, 정의, 열정, 활력, 아름다움을 소망하며, 사람들이 더욱 성스럽고 아름답고 애정이 넘치는 인생을 살도록 영감을 주려는 의도를 지니고 있다. 내 임무는 그 소망과 의도를 내 리디자인 작업 속에 엮어 넣는 것이다.

다음 장면을 상상해보라.

1. 현관문을 열자 따뜻한 불빛이 어서 들어오라고 당신을 반긴다. 문가에 놓인 수공예 탁자 위에 가방을 놓고 신발을 벗고 외투를 복도 옷장에 건다. 옷장 안은 깔끔하게 정돈되어 있다. 아름답게 꾸며진 조용한 거실이 당신을 맞는다. 부드럽고 폭신폭신한 소파에 몸을 파묻고 포근한 담요로 무릎을 덮는다. 크고 깨끗한 창밖으로 보이는 하늘이 당신을 위로한다. 마음이 평온하고 생기가 되살아나는 느낌이 든다. 그대로 눈을 살짝 감고 잠깐 단잠에 빠지는 고요한 호사를 누린다. 그러고 나서 가볍게 저녁을 준비한다. 당신은 집에 왔다.

2. 현관문을 열자 손잡이가 덜거덕거린다. 또 헐거워졌다. 문이 뻑뻑해서 문을 어깨로 밀어 억지로 열어야 한다. 배달 음식을 전화로 주문할 생각이다. 어두운 복도를 천천히 걸어가서 더듬더듬 전등 스위치를 찾아 켠다. 전구가 나갔다. 당신은 음울하고 침침한 불빛 속에 서 있다. 복도 옷장은 외투와 스웨터와 언제 샀는지도 모를 물건들로 미어터질 지경이다. 외투를 옷장에 걸지 못하고 소파에 내던진다. 소파 쿠션은 색이 바래고 헤졌다. 공기가 퀴퀴하다. 짜증이 치밀고 스트레스가 밀려온다. 당신은 집에 왔다. 어수선한 집 안을 둘러보다가 근처 음식점에서 저녁을 대충 때우기로 결심하고 외투를 도로 입는다.

어디에 살고 있으며 어떤 물건과 함께 살고 있는가? 그 장소와 물건들은 당신이 누구인지 고스란히 보여준다. 당신의 생활공간은 당신의 정서적 욕구를 물리적으로 표현하고 생각과 꿈과 희망과 문제를 거울처럼 보여준다. 여기서 말하는 공간은 당신을 둘러싼 네 벽만을 일컫는 게 아니다. 그곳에 가득 찬 에너지가 중요하다. 당신이 사는 곳이 당신의 과거와 현재 모습을 표현하는 물리적 공간이며 당신 내면의 확장판일 수 있다는 말을 깊이 숙고해보라. 그 공간은 당신이 매듭짓지 못한 정서적 문제와 부정적 감정을 전부 간직하고 있다. 당신 집의 내부는 당신의 내면을 보여주는 거울이다.

생각은 힘이 세다. 자기 공간을 의도해서 꾸미든 의도치 않게 꾸미든 당신의 생각과 욕망은 당신이 구입하고 물려받고 수집한 소유물에 그대로 투사된다. 그리고 그 물건을 볼 때 의식적이든 무의식적이든 그것을 소유하게 된 상황을 떠올리게 된다.

　사랑을 통해 소유하게 된 물건을 볼 때 우리는 사랑받는다고 느낀다. 탐욕을 통해 소유하게 된 물건을 볼 때는 수치심을 느낀다. 부정적 기억을 반영하는 물건을 없애고 자신의 최선의 자아를 긍정적으로 반영하는 물건들을 주변에 놓아라. 그럼으로써 자신이 최선의 모습으로 존재하도록 도와주는 환경 속에서 성장하고 발전할 수 있다.

집을 바꾸고 삶을 바꾸라

똑같은 개수의 방과 창문을 갖고 있는 똑같은 크기의 수많은 아파트를 생각해보라. 크기와 모양과 구조는 똑같아도 그 내부 공간의 꾸밈새는 아파트마다 다르다. 각 아파트는 그곳 거주자의 특성과 취향을 반영한다. 10A에는 40대 부부가 살고 있다. 그들 아파트의 거실 벽은 산뜻한 붉은색이고 공기에서는 태국 음식 냄새가 감돈다. 어린아이들 둔 젊은 부부가 사는 10B는 장난감과 게임기와 먼지로 가득하다. 10C에는 60대의 예술가가 혼자 살고 있다. 그는 옆집 아이들의 소리를 차단하려고 베토벤 곡을 틀어놓고 새하얀 양탄자를 깔고 소형 그랜드피아노를 놓았다.

　부동산 중개업자에게는 그 수많은 아파트의 기본 골격이 똑같아 보인다. 하지만 각 아파트는 그곳에 살고 있는 사람의 영혼과 생활 방식에 의해 완전히 달라진다. 아파트 내부의 풍경과 소리와 냄새와 분위기가 저마다 다르며, 그곳을 들어서는 사람에게 각기 다른 느낌을 제공한다. 10A는 활기차다. 10B는 산만하다. 10C는 평온하다. 그 공간의 색깔과 냄새와 소리와 전반적인 기운이 거주자에 의해 달라진다. 룸메이트가 바뀌거나 누군가와 동거하게 되거나 아기가 태어나거나 애완동물을 키우게 될 때 그 생명체가 일련의 습관과 함께 그 공간에 들어오고 그 습관이 그곳 환경에 영향을 미친다는 것을 당신은 안다. 어느 집이든 그곳만의 이야기를 갖고 있다.

'당신'의 집도 당신만의 이야기를 갖고 있다. 당신의 집은 세상 사람들에게 어떤 메시지를 전하고 있는가? 이 책은 바로 지금 당신 주위에서 무슨 일이 일어나고 있는지 실제로 보도록 도와준다. 그리고 당신에게 자문할 것을 촉구한다. "지금 나는 내가 원하는 모습으로 살고 있는가, 아니면 이제는 불필요한 것을 내려놓고 더욱 발전하고 성숙해야 하는가?"

홈 디자이너로 오랫동안 일하면서 나는 의뢰인이 살고 있는 공간 내부를 탐구하는 과정을 통해 그의 진정한 내면을 깊이 이해할 수 있다는 것을 발견했다. 그가 생각하고 꿈꾸고 생활하고 사랑하고 세상을 지각하는 방식을 알아낼 수 있었다.

이 책에는 내가 내 공간과 인생을 바꾸고 내게 의뢰한 고객들의 공간과 인생을 바꾸기 위해 적용한 리디자인 작업 과정이 담겨 있다. 나는 '영혼의 공간'이라는 단어를 만들었고, 이어서 영혼의 공간을 창조하는 과정을 이루는 여덟 단계를 의도적으로 만들었다. 나는 새 집으로 이사를 갔고, 그 여덟 단계에 따라 그곳을 상당히 의도적으로 창조했다. 이 의도적인 창조 작업의 목표는 그저 보기 좋은 모델하우스를 만드는 게 아니라 신성한 사원을 세우는 것이었다. 나는 아름다운 집을 원했지만 그것만으로는 충분하지 않았다. 나는 안식처를 원했다. 내가 원하는 가장 훌륭한 모습으로 살아갈 것을 내게 끝없이 상기시키고 영감을 주는 공간을 원했다. 그 창조 작업을 마쳤을 때 그 집은 단지 생활하는 공간이 아니었다. 그곳은 내 '영혼의 공간'이었다. 그 안에서 나는 성장하고 배우고 생활하고 사랑하고 성취할 수 있었다. 내가 실제로 영감을 얻고 진정으로 평화로울 수 있는 공간을 갖게 된 것이다.

어째서 온천에 가야만 긴장을 푸는가? 어째서 호텔이나 레스토랑에 가야만 영감을 얻는가? 누구든지 영혼의 공간을 가질 자격이 있다. 자기가 살고 있는 공간을 영혼의 공간으로 바꿔야 한다. 영혼의 공간은 우리의 오감을 활발하게 자극하고 우리 인생을 더욱 충만하고 풍요롭게 만든다.

영혼의 공간에 대한 아이디어가 떠오른 후 새로 이사해서 리디자인 작업을 시작할 때 나는 내 직업 과정과 방식에 무척 주의를 기울였다. 영혼의 공간을 창조하는 과정을 여러 단계로 나누었고, 고객들과 함께 각 단계를 적용하기 시작했다. 그 창조 과정은 나와 그들에게 큰 도움이 되었다. 그리고 이제 나는 그 과정이 당신에게도 큰 도움이 되기를 소망한다. 이 책은 당신이 세상 속으로 힘차게 들어가 자신의 꿈을 이루도록 응원하는 공간을 창조하게 할 것이다.

'영혼의 공간'을 창조하며 얻는 이점

영혼의 공간을 창조하는 과정에 참여할 때 새로운 통찰을 통해 다음 두 가지 결과에 이른다.

1. 당신이 사는 공간이 당신에게 전하고자 하는 이야기를 해독하게 된다. 지금 살고 있는 공간을 꾸밀 때 당신은 자신의 믿음 체계와 욕구와 소망과 문제를 그곳에 심었다. 그리고 자신의 꿈과 목표의 달성 여부에 영향을 미치는 수많은 물건을 그곳에 놓았다. 그 공간을 하나의 단서로 이용해서 자기 인생의 많은 영역을 더 깊이 들여다보고 새로운 가능성에 마음을 열기 시작할 수 있다.

어떤 미혼남이 대학 시절에 사귄 여자 친구 사진을 침실에 계속 놓아둔다고 생각해보자. 어떤 은행가는 침대 밑에 이젤을 넣어두었고, 어떤 여교사의 아파트에는 의자가 하나밖에 없다고 해보자. 그 미혼남이 연애에 번번이 실패하는 것은 당연하다. 그 은행가는 그림을 그릴 수 있기를 원하고, 그 여교사는 친구가 별로 없어서 쓸쓸해할 것이다. 당연하다. 이 예에서 각 공간은 거주자의 인생에서 결핍된 영역을 반영한다. 영혼의 공간을 창조하는 과정을 통해 자기 공간이 당신에 대해 어떤 정보를 제공하는지 알아낼 것이다.

2. 당신의 참모습이나 당신이 되고 싶은 모습을 응원하는 공간을 새로 만들거나 꾸밀 것이다. 물리적으로나 추상적으로 공간을 일단 마련하면 당신이 열망하는 것을 수용할 수 있는 여지가 늘어난다. 그리고 물

리적 공간에 그 열망을 표현함으로써 그 열망을 실제로 추구할 여유가 생긴다. 당신의 집을 채운 '소음'을 제거함으로써 내면의 속삭임을 들을 수 있게 된다. 고상한 의도를 품고 자기 공간을 의식적으로 꾸밈으로써 그 의도에 맞게 행동하고 그 의도에 맞는 물건을 소유하게 된다.

그 미혼남이 예전 여자 친구 사진을 계속 간직하고 있는 이유를 알아내고 그 사진을 없앤다면 어떻게 될까? 은행가가 편안하게 그림을 그릴 수 있는 공간을 마련하고 창의성을 표현하기 시작하면 어떻게 될까? 그의 인생에서 무엇이 새롭게 열릴 수 있을까? 여교사가 의자를 몇 개 더 놓고 동료들을 초대해서 칵테일을 대접한다면 어떻게 될까? 더욱 다정하게 교류할 수 있는 공간을 마련한다면 그녀의 일상 경험이 어떻게 달라질까?

내 집에서 정말로 내 집처럼 편안해지는 법

우리에게는 안식처가 필요하다. 우리는 재충전하고 영감을 얻고 세상과 맞설 준비가 되었다고 느끼게 해주는 안전한 공간에서 살기를 원한다. 그리고 우리는 자신이 정말로 '내 집'이라고 부를 수 있는 편안한 곳에서 살 자격이 있다. 하지만 안타깝게도 현실은 그렇지 못하다. 우리가 생활하는 공간의 외양이나 상태가 재충전은커녕 피로와 불안을 가중하고 인간관계와 직업과 정서적인 면에서 문제를 일으키는 경우가 많다. 오늘날 세상은 대단히 복잡하고 혼란하며 그 속에서 살아야 하는 우리는 많은 면에서 대단히 취약하다. 그렇기 때문에 우리가 자기 자신을 깊이 이해하고 자기 집에서 정말로 편안하게 쉬는 것이 그 어느 때보다 절실하다. 이제 우리는 진정한 '내 집'을 가져야 한다.

성장과 변화를 촉진하는 공간을 의도적으로 창조할 때 당신은 자연스럽게 성장하고 변화할 수 있다. 우리는 언제나 성장 중이고 변화 중이다. 그리고 우리는 성장과 변화에 저항하거나 아니면 그것을 수용하고 격려한다. 자기 공간을 의도적으로 꾸밈으로써 긍정적 변화를 촉진할 때 당신은 그 공간에 제 자신을 위한 소망과 열망의 씨앗을 뿌리고 있는 것이다. 당신에게 꼭 맞는 환경을 창조하라. 그 환경은 당신이 자신의 위대한 잠재력을 구현하도록 격려하고 개인적 변화와 성장을 추구하도록 영감을 준다. 그리고 성공과 성취와 당신이 살고자 하는 인생으로 조용히 당신을 이끌며 당신의 영혼을 가장 아름답게 표현하도록 자극한다.

이 책은 당신의 공간에 새겨진 메시지들을 해독하는 방법을 가르친다. 그 새로운 정보로 무장하고 나서 자신이 항상 꿈꾸던 인생을 가능케 하는 공간을 새롭게 창조할 수 있다. 자신의 소유물을 새로운 눈으로 보고 자신의 두려움을 직시하고 자기 공간을 깨끗이 정돈하고 자신의 열망과 자신에 대한 진실을 알고 나면, 활기를 되찾고 영감을 얻고 창의성이 샘솟게 된다. 그리고 그 창의성을 활용해서 자기 집을 안식처로 만들고 그 안에서 휴식과 열정과 아름다움을 발견할 수 있음을 깨닫는다.

영혼의 공간을 창조하는 여덟 단계를 차근차근 진행함으로써 자신을 깊이 이해함에 따라 정서적 문제를 해결하고 물리적 환경을 개조할 수 있다. 소유물을 이용해 자신의 감정과 애착을 탐구하고 간파함으로써 오래 묵은 패턴을 알아채고 깨뜨리기 시작할 수 있으며, 더욱 성장한 새로운 자신에게 어울리는 공간을 만들 수 있다.

가장 신성하고 가장 친밀한 안식처 ― 당신의 집 ― 를 항상 아름답게 가꿀 수 있어야 한다. 그러면 그곳은 인생의 모든 영역에서 당신을 응원할 것이다. 당신의 집에 평화와 행복을 조성할 수 있어야 한다. 그러면 인생의 모든 영역에, 그리고 당신이 머무는 모든 공간에 평화와 행복을 조성할 수 있다.

공간 창조의 여덟 단계

영혼의 공간을 창조하는 과정은 세 부분으로 나뉘고 여덟 단계로 구성된다. 자기 공간을 새로 꾸미는 작업은 인생에서 가장 중요한 프로젝트 중 하나일 수 있다. 영혼의 공간을 창조하는 과정은 그 프로젝트를 진행하는 내내 당신을 차근차근 이끌어줄 것이다. 그 여덟 단계에 따라 자기 공간을 의식적으로 디자인함으로써 아주 새로운 방식으로 자신을 응원하는 법을 배울 수 있다. 어제 경험을 토대로 더욱 성장한 모습으로 오늘을 충만하게 살고 당신이 원하는 모습으로 내일을 사는 법을 배울 수 있다.

1장은 과거를 아는 데 초점을 맞춘다. 우리를 지금 이 자리에 이르게 하고 지금 모습으로 살게 만든 것이 과거이기 때문에 우리는 자신의 과거를 알아야 한다. 자신이 소유하고 있는 물건과 직접 꾸민 공간을 새로운 눈으로 봄으로써 과거에 대한 자신의 의식적, 무의식적 애착을 조사해야 한다. 그렇게 할 때에야 자신이 잊고 있던 자신의 일부를 존중하고 오랫동안 끌고 다닌 불필요한 짐 ─ 물리적 짐과 정서적 짐 ─ 을 내려놓을 수 있다. 이는 우리 자신을 지금 여기에 이르게 만든 과거의 선택을 모두 알아차리고 앞으로도 똑같은 것을 선택할지 여부를 결정하도록 요구한다.

1장은 영혼의 공간을 창조하는 과정의 처음 세 단계를 다룬다. 1단계 '평가하라', 2단계 '방출하라', 3단계 '청소하라'가 그것이다. 평가 단계에서 우리는 자신의 공간을 어떻게 꾸몄고 왜 그렇게 꾸몄는지 검토하며, 그 공간이 누구를, 그리고 무엇을 응원하는지 정확하게 파악한다. 방출 단계는 내려놓는 행위가 꼭 필요한 이유와 내려놓는 방법을 알려준다. 이 단계에서 우리는 불필요한 짐을 마침내 벗어버린다. 청소 단계에서는 집을 청소하고 정화하며 우리의 가장 소중한 기억과 소유물을 예우한다. 이 단계는 우리가 사랑하는 것들에 대한 감사하는 마음을 일깨워준다.

2장은 미래를 표현하는 것과 관계가 있다. 여기서 우리는 자문한다. "나는 어떻게 살기를 원하는가?" 2장에서 우리는 미래에 대한 희망에 초점을 맞추고 자신이 간직하기로 결정한 물건을 이용해 자신의 꿈을 이룰 토대를 닦는 법을 배운다. 영혼의 공간을 창조하는 작업을 통해 우리는 공간을 바꾸고, 이 변화는 우리의 꿈과 목표를 날마다 조용히 상기시켜서 우리가 일상 활동에서 지속적인 변화와 성장을 추구하도록 자극한다.

  2장은 4단계 '꿈꾸라', 5단계 '발견하라', 6단계 '창조하라'로 이루어진다. 꿈 단계에서 우리는 상상력을 마음껏 발휘하여 자신의 꿈을 생활공간 속에 표현할 수 있는 방법을 강구한다. 이어 발견 단계에서는 우리의 꿈을 상기시키는 물건들을 찾아낸다. 우리는 세상 속으로 들어가 영감을 얻고 마음을 활짝 열어서 세상이 주는 것들을 기꺼이 받아들인다. 창조 단계는 우리의 참모습을 반영하는 물건으로 집을 꾸밈으로써 우리의 꿈을 그곳에 실제로 표현하도록 돕는다.

  3장은 현재에 사는 것에 초점을 맞춘다. 이 부분에 이를 무렵이면 우리는 자신을 지금 여기에 이르게 만든 지난 선택을 이미 철저히 파악하고 있으며 앞으로의 목표를 정확히 알고 있다. 이제 그것들을 명심하고 지금 이 순간을 적극적으로 살기 위한 단계에 들어선다. 우리는 자신의 꿈을 계속 추구하도록 응원하고 격려하는 환경 속에서 있는 그대로의 나 자신으로 비로소 살아갈 수 있다

  7단계 '향상하라', 8단계 '축하하라'가 3장에 속한다. 향상 단계에서는 자신의 공간을 세심하게 장식해서 오감을 자극하고 더욱 풍요로운 경험을 가능케 하는 곳으로 만든다. 끝으로 8단계에 이르러 우리는 영혼의 공간을 창조한 것을 축하한다. 이제는 매일 편히 쉴 수 있는 안식처를 가졌으므로 가족, 친구들과 더 많은 애정과 온정을 나눌 수 있다.

의도적인 디자인을 통해 변화를 격려하라

영혼의 공간은 값비싼 물건이나 완벽하게 어울리는 가구로 채운 공간을 뜻하지 않는다. 그곳은 예산이나 미적 감각과도 상관이 없다. 당신의 공간이 크건 작건 간에 영혼의 공간은 당신이 누구인지, 무엇을 좋아하는지, 어디에 가고 싶어 하는지, 어떤 모습으로 살고자 하는지를 반영한다. 당신의 집은 당신을 격려하는 가장 훌륭한 지지자로서 당신에게 날마다 영감을 불어넣고 당신의 가장 깊은 열망을 일깨울 수 있다.

디자이너로서 나는 건축학적으로 중요한 건물과 고객들의 집을 아름답게 만든다. 그리고 그 작업에는 또 다른 측면이 있다. 영성을 추구하는 명상가로서 나는 사람들이 그들을 둘러싼 환경에 존재하는 아름다움과 그들 내면에 존재하는 아름다움을 보도록 돕는다.

캘리포니아주 로스앤젤레스에 있는 내 집, 소든 하우스(Sowden House)는 마야-아즈텍 건축양식으로 지어진 현대 건축물 중 하나다. 프랭크 로이드 라이트(Frank Lloyd Wright)의 아들인 로이드 라이트(Lloyd Wright)가 1926년에 설계했다. 2002년에 내가 매입했을 때 그 건축물은 엉망진창이었다. 그해 내내 나는 그 건물에 과거의 영광을 되찾아주고 가구 등 여러 요소를 추가해서 아름답게 만들었다. 그럼으로써 로이드 라이트의 꿈과 상상을 예우하는 동시에 내가 내 인생을 진정으로 살 수 있는 영혼의 공간을 창조했다. 복원 작업이 끝난 후, 소든 하우스는 마틴 스콜세지(Martin Scorcese)의 〈에비에이터(The Aviator)〉를 비롯해 여러 편의 영화 무대로 쓰였다.

소든 하우스 복원 작업을 통해 나는 내 잠재력과 가능성을 알아낼 수 있었고 내가 그때까지 살고 있던 세상보다 더 큰 세상과 연결되기 시작했다. 그리고 10년이 지난 지금, 나는 하와이 마우이섬에 있는 내 사유지에서 다양한 영역의 전문가와 함께 대규모 리노베이션 프로젝트를 진행 중이다. 이 작업으로 인해 나는 내가 누구이며 무엇을 좋아하고 앞으로 어떻게 살고 싶은지 또 한번 깊이 탐구할 수밖에 없다. 내가 살아온 공간은 항상 내 인생 여정을 반영했다. 지금껏 나는 서른 채가 넘는 집에서 살았다. 각 공간은 그 여행에서 내가 어디쯤에 이르렀으며 어디로 갈 수 있는지를 거울처럼 보여주었고 내 영혼을 한 겹씩 벗겨냈다.

내가 이 책을 쓰고 있는 이유는 당신이 더욱 충만하고 풍요로운 인생을 살도록 영감을 주기 위해서다. 먼저 당신의 공간과 영혼을 아름답게 디자인한 다음에 그 의도적인 디자인 작업을 당신 인생의 모든 영역으로 확장하도록 돕기 위해서다. 이 책을 통해 당신이 진정한 영혼의 공간을 창조하게끔 격려하는 행위는 내가 내 공간과 나 자신을 또 한번 재창조하는 작업이기도 하다.

영혼을 성장시키는 공간을 만드는 것은 외적 변화 및 성장을 격려한다. 마우이섬에서 일꾼들이 바닥을 헤집어 나무를 파내는 것을 보면서 나는 이 혼돈스런 광경이 얼마 후에는 지극히 평화로운 광경으로 바뀔 거라고 스스로에게 상기시킨다. 지금 그 혼돈에 열심히 참여해야만 나중에 나는 지극한 평화 속에서 쉴 수 있을 것이다. 내 공간을 어떻게 창조하고 싶은지 실제로 알고 있어야만 지금 그 공간을 가지고 무엇을 해야 하는지 알 수 있다. 나의 내면을 실제로 깊이 이해해야만 나를 감동시키고 성장시키는 이상적인 외적 공간을 창조할 수 있다.

이 말은 단지 알맞은 나무를 고르거나 알맞은 가구를 구입하는 것을 뜻하지 않는다. 물론 그런 요소들이 이 공간에 예정된 아름다움의 중요한 부분이긴 하다. 하지만 나는 그 공간을 철저히 내 방식대로 꾸미고 있다. 예컨대, 처음 그 토지를 샀을 때 나는 그곳에 수많은 돌을 묻었다. 세계 곳곳을 여행하면서 내 인생을 바꾸는 중대하고 풍요로운 경험을 했던 장소에서 하나씩 가져온 돌들이었다. 그렇게 수집한 돌을 새로운 공간에 통합함으로써 나는 그 돌들을 나의 과거와 미래를 잇는 징검돌로 바꾸었다.

큰 그림을 보라

이 책을 읽으면서 당신의 현재와 미래에 도움이 되는 과거의 물건들을 찾아내서 간직하고, 당신을 고통스런 과거에 묶어두는 짐을 전부 내던지라. 그러면 자유롭게 앞으로 나아갈 수 있다. 당신의 물리적 공간과 물건은 정서적 애착과 한계와 밀접한 관계가 있다. 그 관계를 알고 나면 자신에게 무엇이 더는 도움이 되지 않는지 알아내고 그것을 내려놓을 수 있다. 그리고 이어서 성장을 위한 공간을 새롭게 마련할 수 있다.

영혼의 공간을 창조하는 과정은 성장을 향한 끝없는 여행이다. 소유를 향한 여행이 아니다. 그 과정은 당신의 모든 선택 뒤에 놓인 생각과 감정을 알아내고 그 정보를 이용해 당신의 인생을 바꾸는 것과 관계가 있다. 내가 고객들에게 하는 말이 있다. 그 말을 당신에게도 해줄 것이다. '당신의 영혼의 공간(SoulSpace)을 당신의 영혼의 속도(soul's pace)로 바꾸십시오.' 이것은 능동적인 과정이다. 강제적인 과정이 아니다. 방 하나를 새로 꾸밀 수도 있고, 집 안팎을 모조리 바꿀 수도 있다. 한 달 만에 끝낼 수도 있고, 일 년이 걸릴 수도 있다. 얼마나 빨리 해내느냐는 중요하지 않다. 시작한다는 것이 중요하다. 매순간 신중하게 선택하라. 그리고 선택한 모든 것을 당신에게 영감을 주고 정말로 아름답게 느껴지는 특별한 것으로 만들어라.

현재에 살기 위해서는 지금 눈앞에 있는 것을 직시하고 자신의 욕구와 자원과 능력을 반드시 알고 있어야 한다. 당신이 한 번도 쓰지 않을 테니스 코트는 영혼의 공간을 개선하지 못한다. 당신의 경제력으로 감당할 수 없는 가스오븐레인지는 당신의 영혼의 공간을 개선하지 못한다. 전동 드릴을 만져본 적도 없는 사람이 잡지에 실린 농장 개조 사례가 좋아 보인다는 이유로 혼자서 농상을 개조하려고 드는 것은 영혼의 공간을 창조하는 방법이 아니다.

영혼의 공간을 창조하는 작업에 관한 한, 도움을 요청하는 것은 대단히 중요하다. 모든 것을 혼자 힘으로 해내야 한다고 믿는 사람이 아주 많다. 그 이유도 다양하다. 자신이 제일 잘할 수 있다고 믿기도 하고, 도움을 청해서 주변 사람들을 귀찮게 하는 것을 꺼리기도 한다. 주변 사람들이 너무 바빠서 도와줄 시간이 없을 거라고 지레짐작하거나 자신이 너무 많은 걸 요구하는 사람처럼 보일까 봐 겁내기도 한다. 개인적인 도움이든 전문적인 도움이든 도움이 필요할 때는 망설이지 말고, 제발, 손을 내밀어라.

　영혼의 공간을 창조하는 작업 중 어느 단계에 있든지 도움이 필요하면 필히 요청하라. 한 예로, 평가 단계에서는 믿을 만한 친구나 친척에게 '집 안을 함께 둘러보자'고 부탁할 수 있다. 유난히 집착하는 소유물에 관해서 심리 치료사나 카운슬러에게 상담을 청해도 좋다. 그렇긴 하지만 이 창조 과정에는 당신이 주도적으로 참여해야 한다. 전문가를 줄줄이 고용해서 당신의 생각과 계획을 실행하도록 맡기는 것은 당신의 최선의 자아를 실현하는 데 도움이 되지 않는다. 하지만 건축과 디자인과 리노베이션 작업을 잘 알고 있는 전문가와 '함께' 일하는 것은 당신의 꿈을 생활공간에 표현하는 훌륭한 방법일 수 있다.

여행을 시작하라

이 책은 당신의 공간 내부를 디자인하고 그 작업을 확장해서 당신의 내면을 디자인하는 과정을 다룬다. 아름다운 집은 껍데기에 불과하다. 나는 당신의 집이 당신의 가장 진실한 모습을 아름답게 표현하는 곳, 당신의 영혼이 크게 성장할 수 있는 안전한 곳이 되기를 원한다. 이것이 진정한 인테리어디자인이다. 이 책에서 그저 의자와 식탁을 옮기거나 가장 유행하는 색깔의 페인트를 고르지는 않을 것이다. 자기 공간을 꾸민 방식을 단서로 삼아 자기 인생을 꾸려나가는 방식을 간파함으로써 자신의 가장 깊은 문제와 열망과 애착을 조사할 것이다.

이 책을 집어 든 사람은 자신의 지난 선택을 재평가하고 새로 시작할 준비가 된 것이다.

영혼의 공간을 창조하는 과정에 들어서기 전에 나는 의뢰인과 함께 시작하려는 여행에 대해 잠시 숙고한다. 그러므로 이 과정을 시작하기 전에 당신도 이제부터 자신이 하려는 여행과 그 이유를 실제로 잠시 숙고해보라. 다음을 소리 내어 읽어도 좋다.

"영혼의 공간을 창조하는 여행을 시작할 때 나는 내가 지금 어디에서 살고 있는지, 그리고 내가 정말로 누구인지 기꺼이 탐구할 것이다. 내가 사는 공간을 실제로 보고, 그 공간에 있는 모든 가구와 물건에 부착된 내 감정을 실제로 직시할 것이다. 나는 내가 어디에서 가로막혔는지, 어디에서 자유로운지, 어디에 갇혀 있는지, 어디에서 내려놓아야 하는지 알고 싶다. 판단을 배제하고 나는 내 공간을 치유하고 나 자신을 치유할 것이다. 나는 진정으로 나답게 살기를 원한다. 그리고 내 꿈을 펼칠 준비가 되어 있다. 내 과거는 나의 일부다. 하지만 과거가 나를 규정하지는 못한다. 나는 내게 도움이 되는 기억을 소중하게 간직하고, 내게 방해가 되는 회한을 내려놓을 것이다. 지금부터 나는 의식적으로 주도권을 잡을 것이다. 내 공간을 새롭게 창조하면서 나 자신을 새롭게 이해할 것이다."

기억하라. 인생에서 놓치고 있는 것이 있다면 당신의 공간에 그것이

고스란히 드러나 있을 가능성이 크다. 해결하지 못한 케케묵은 문제가 있다면 당신의 공간과 물건이 그 문제를 여전히 간직하고 있음을 깨닫게 될 것이다. 당신의 집은 오래전부터 당신에게 말해왔다. 주의 깊게 관찰하고 귀를 기울인다면 그 집이 무슨 말을 하고 있는지 들릴 것이다.

아름다운 공간에서 아름다운 인생을…

자신이 가장 자신답게, 가장 충만하게 살 수 있는 공간을 나는 아름다운 집이라고 정의한다. 지금이 기회다! 자신의 공간이 현대적인 북유럽 가구나 조립식 가구로 가득한지, 동양의 목제 가구나 할머니가 물려주신 앤티크 가구로 가득한지는 중요하지 않다. 개인의 스타일도, 살고 있는 장소도, 소득 수준도 상관이 없다. 영혼의 공간을 창조하는 과정은 자기 자신을 발견하는 독특한 과정이다. 그 과정은 자신의 문제를 찾아내고 꿈과 목표를 알아내고 평가하고 실현하도록 돕는다.

   페인트를 칠하고 싶다면 페인트칠할 곳이 필요하다. 기타를 연주하고 싶다면 기타를 사야 한다. 피아노를 배우고 싶다면 피아노를 놓을 자리가 필요하다. 당신이 정말로 원하는 것이 서재라면 재봉실을 갖고 있는 게 무슨 쓸모가 있는가? 당신에게 정말로 필요한 것이 체육실이라면 어째서 TV 방을 갖고 있는가? 집이 아주 작아도 원하는 활동에 집중하게 해주는 조용한 공간을 마련하는 것이 얼마든지 가능하다. 그렇게 할 때에야 당신의 집이 당신에게 완벽하게 들어맞는 유일무이

한 공간이 된다. 모든 방법을 동원해서 당신 자신을 당신의 집에 표현하라. 집에서 자기 자신을 표현하지 못한다면 그 어디에서도 제 자신을 표현하지 못할 것이다.

영혼의 공간을 창조하는 과정은 당신이 살고 있는 공간을 기꺼이 포용하는 방법을 단계적으로 가르친다. 집은 단지 거처가 아니다. 집은 제단이자 사원이며, 영혼의 공간이다. 힘차게 세상으로 나아가 꿈을 추구하기 위해 영혼과 육체가 함께 편안하게 쉬면서 활기를 되찾을 수 있는 곳이다. 창의성―요리에 대한 열정, 음악이나 미술, 운동에 대한 열정―을 키우고 격려할 수 있는 곳이다.

당신이 아름다운 공간에서 아름다운 인생을 살기를 바란다. 당신을 가장 많이 격려하고 가장 크게 감동시키는 아름다움 속에서 살기를 소망한다.

1장 과거를 알기

현재를 알려면 과거를 알아야 한다.

− 칼 세이건(Carl Sagan) 박사

눈앞에 있는 것을 실제로 보라.
초심자의 마음속에는 많은 가능성이 있지만
전문가의 마음속에는 가능성이 거의 없다.

― 스즈키 슌류 선사

평가하라

참선(參禪)을 수행하는 사람들은 '초심(初心)'에 대해 이야기한다. 초심이란 우리가 지금껏 몇백 번 보았던 것들도 마치 처음 보는 듯 새롭게 보는 능력을 말한다. 당신이 살고 있는 공간을 철저히 평가하기 위해서는 모든 것을 그렇게 새롭게 보는 초심을 키워야 한다. 그래야만 당신의 공간을 실제로 보고 느낄 수 있다. 이 세상은 전문가가 항상 더 훌륭하다고 우리에게 가르친다. 따라서 의사나 변호사와 상담할 때마다 우리는 경험이 많은 그 전문가의 의견을 인정하고 존중한다. 하지만 기억해야 할 것이 있다. 지나치게 많은 경험은 가능성의 세계를 종종 밀어낸다는 것이다. '할 수 없어'가 '할 수 있어'를 밀어내고, '안 될 거야'가 '될 거야'를 밀어낸다.

 이제 당신은 자신이 전문가처럼 잘 알고 있다고 생각하는 대상을 초심자의 눈으로 새롭게 바라볼 것이다. 그 대상은 바로 자기 자신이다. 당신은 스스로 생각하는 것만큼 자신에 대해 실제로 잘 알고 있는가? 아니면 몇 주나 몇 달, 심지어 몇 년 전부터 당신을 괴롭혀온 문제들을 줄곧 외면하고 있는가? 당신은 어느 영역에서 스스로를 방해하고 있는가? 어느 영역에서 자신의 진정한 열망을 억누르는 상황을 자초하는가? 그 영역이 무엇인지 알고 있는가?

이제부터 시작할 여행은 당신의 인생을 바꿀 수 있는 힘을 갖고 있다. 그 여행에 철저히 참여할 준비가 되어 있고 기꺼이 참여한다면 당신의 인생은 틀림없이 바뀐다. 이 책에는 당신의 깊은 열망과 욕구를 알아내는 데 필요한 도구들이 들어 있다. 그 도구를 이용해서 자신이 살고 싶은 인생을 전적으로 응원해줄 공간을 창조할 수 있다. 매 순간 현재에 온전히 존재하며 마음을 활짝 열라. 이것이 영혼의 공간을 창조하는 과정의 각 단계가 줄 수 있는 이익을 모두 얻는 유일한 방법이다.

평가 단계에서는 조사 작업을 행할 것이다. 이 중요한 작업을 통해 당신의 안과 밖 모두 변화하고 성장할 수 있다. 초심을 발휘해서 무심코 봐온 익숙한 것들을 새로운 눈으로 보라. 즉 당신의 몸과 마음이 무엇을 품고 있는지 살펴보라. 지금 갖고 있는 가장 좋은 물건의 가치를 음미하는 법을 배우라. 당신에게 더는 도움이 되지 않는 물건이 무엇인지 알아내라.

당신의 공간은 당신에게 무슨 말을 하고 있는가?

릴리는 성공한 여성으로 아름다운 집을 갖고 있다. 하지만 내게 전화한 그녀의 목소리에는 좌절과 절망이 깊이 배어 있었다. 릴리는 직장에서는 행복했지만 집에서는 편안하지도 행복하지도 않았다. 집을 몇 번 새로 꾸며봤으나 결코 마음에 들지 않았다. 릴리가 한 일이라고는 가구를 이리저리 옮긴 게 전부였다. 릴리는 결국 내게 도움을 청했고, 우리는 어떻게 하면 문제를 해결할 수 있을지 알아보기로 했다.

나는 릴리의 집을 찾아갔다. 마주 앉아 잠시 대화를 나눈 후 우리는 집 안을 둘러보며 무엇이 그 공간에 적절하고 무엇이 릴리를 불행하게 하는지 그 단서를 찾아보았다. 그 집을 매입한 것은 자신이 드디어 '해냈음'을 상징하는 중요한 사건이었다고 릴리는 말했다. 하지만 그곳으로 이사한 후에는 자신이 만든 그 공간에서 혼자 외롭게 살고 있다는 것을 깨달았다고 했다. 릴리는 인생의 새로운 단계에 접어들었고, 이제 '나'로 사는 것에서 벗어나 '우리'의 일부가 되기를 원했다.

릴리는 자기 집을 소유했고, 그 공간을 누군가와 공유하기를 원했다. 매력적이고 활달해서 자주 데이트를 했지만 어떤 연인과도 관계를 오래 지속하지는 못했다. 사랑을 찾으려다 몇 번 잇달아 실패한 후, 이제는 거의 포기한 상태였다.

릴리는 자신이 소유한 물건을 소중히 여겼고, 내가 본 것들은 하나같이 제자리에 깔끔하게 정돈되어 있었다. 표면적으로는 모든 게 괜찮아 보였다. 나는 계속 둘러보았다. 그 깔끔한 표면 밑에서 무슨 일이 벌어지고 있는지 알아내고 싶었다.

그 집을 샅샅이 돌아보며 관찰하고 평가하면서 나는 릴리의 공간, 릴리의 인생이 단 한 사람만을 위해 완벽하게 꾸며져 있다는 것을 알아차렸다. 그녀의 킹사이즈 침대는 벽에 딱 붙어 있어서 다른 누군가가 침대에 드나들기가 불편할 터였다. 널찍한 거실에는 아주 화려한 소파가 딱 하나 놓여 있어서 거기에 앉기가 영 어색했다. 게다가 소파는 현관을 등지고 있었다. 그래서 방문을 환영하지 않는다는 인상을 주었고, 바다를 떠도는 외로운 배처럼 거실 한가운데에 덩그러니 놓여 있었다. 일단 소파에 앉자 내 뒤로 펼쳐진 드넓은 공간에 자꾸 신경이 쓰였다. 나는 몇 번이고 고개를 돌려서 거기에 아무도 없다는 것을 확인해야 했다.

나는 릴리에게 그 소파에 앉으면 어떤 느낌이 드느냐고 물었다. "글쎄요, 저는 저 소파에 그냥 앉아 있어요." 그 소파는 호사스럽고 폭신폭신했다. 나는 릴리가 그것을 좋아하는 이유를 알 수 있었다. 그 집에는 릴리 외에는 어느 누구도 편안하다고 느낄 공간이 없다는 것도 알게 되었다.

메시지를 해독하라

그렇게 원하는 사랑을 여태 찾지 못한 이유가 뭐라고 생각하느냐는 내 질문에 릴리는 모르겠다고 대답했다. 가장 최근에 연인을 집으로 초대한 적이 언제였느냐고 내가 물었다. "한참 전이에요. 마지막으로 사귄 사람하고는 만나면 보통 그의 집으로 갔어요. 그 사람은 교외에 살았어요."

릴리가 자기 집을 사랑하고 그곳에서 파트너와 함께 지내기를 꿈꾼다는 것을 나는 알고 있었다. 내가 알아차린 것을 그녀도 알아차려야 했다. 릴리의 집은 네 명이 살아도 충분할 정도로 넓지만 오직 한 사람에게만 편안하다는 것을. 우리는 다시 침실로 돌아왔다.

"릴리, 이 방을 둘러보면 무슨 생각이 들어요?" 내가 물었다.

"방이오, 그냥…… 침실이오."

"저 침대에 편안하게 드나들 수 있는 사람이 몇 명이나 될까요?"

"한 명이오." 릴리가 대답했다. 우리는 거실로 나갔다.

"이곳에 편안하게 앉을 수 있는 소파가 몇 개나 있지요?"

"하나요." 이렇게 말하면서 릴리는 내 질문의 의도를 알아채기 시작했다.

부엌에는 작은 식탁이 있었는데, 의자는 딱 하나뿐이었다. "의자를 두 개 놓으면 내가 누군가를 그리워하는 것처럼 보일 거라고 생각했어요. 외로울 것 같았어요." 릴리가 말했다.

"하나밖에 없는 의자를 보면 어떤 느낌이 들어요?"

"외로운 느낌이오." 그녀는 순순히 인정했다.

나는 릴리에게 식탁을 놓을 곳을 새로 찾아보고 더 큰 식탁으로 바꾸라고 권했다. 큰 식탁은 사랑과 우정이 가능한 공간을 만들어줄 터였다. 여분의 소파는 릴리가 자기 인생에 기꺼이 들여놓을 사람을 위한 예비 공간이자 앞으로 일어날 일에 필요한 공간을 마련해줄 터였다.

릴리와 나는 집 안을 구석구석 돌아다니면서 다른 사람을 들여놓을 공간을 만들어낼 수 있는 장소를 빠짐없이 확인했다. 그제야 릴리는 자신이 남자를 초대하지 못한 이유가 그를 위한 공간이 실제로 없기 때문일 수도 있음을 깨닫기 시작했다. 혼자 살고 있으므로 그 집을 한 사람만을 위한 공간으로 꾸미는 것은 지극히 합리적으로 보였다. 하지만 그 합리적인 판단은 그녀가 자기 인생에 동반자를 들여놓을 가능성을 철저히 말살했다. 자신의 공간을 새로운 눈으로 바라본 후에야 릴리는 비로소 그것을 깨달을 수 있었다. 자기도 모르는 새에 그녀는 자기 집을 싱글 라이프를 부추기는 혼자만의 공간으로 꾸몄던 것이다.

나와 대화하면서 릴리는 자신의 '싱글 마인드'가 가구 배치에만 영향을 미친 게 아니었음을 깨달았다. 그녀는 남자를 항상 경계했다고 말했다. 그들이 릴리 자신이 줄 수 있는 진실한 애정에 끌려서가 아니라 돈을 보고 접근하는 게 아닐까 두려웠다고 했다. 이 두려움은 행동에 영향을 미쳐서 릴리는 그 큰 집을 혼자만 편안할 수 있는 공간으로 꾸몄던 것이다. 그녀는 자기 집에 다른 사람을 위한 공간을 마련하면 자기 마음속에도 자리가 생긴다는 것을 이제 알아차렸다. 꼭 맞는 제짝이 릴리의 인생에 찾아들 거라는 믿음, 릴리를 진심으로 사랑해줄 남자를 만날 수 있다는 믿음이 우리가 하는 리디자인 작업의 핵심이었다. 릴리의 두려움과 망설임을 없애기 위해 우리는 그녀의 공간이 누구에게나 열려 있고 누구와도 공유할 수 있다는 느낌을 주도록 꾸밀 계획이었다.

꿈을 품으라

평가 단계에서 우리는 릴리가 자기 인생을 어떤 식으로 꾸려나가는지 확인함으로써 리디자인의 방향을 잡을 수 있었다.

방출 단계에서는 작은 식탁과 하나짜리 의자를 없애고 더 크고 널찍한 식탁 세트를 놓을 자리를 마련했다. 또한 침대를 벽에서 떼어놓고 환영한다는 느낌을 줄 수 있는 자리에 소파를 재배치해야 한다는 것도 기억해두었다. 그러면 릴리의 집에 들어선 사람은 누구나 그 공간에서 편안하게 쉴 수 있다고 느낄 터였다.

청소 단계에서 릴리는 오래된 상자를 살펴보다가 자신이 예쁘게 찍힌 사진을 몇 장 찾아냈고, 그중 한 장을 거실 중앙에 놓았다. 그 사진은 릴리 자신이 얼마나 매력적이고 이상적인 여성인지 순간순간 떠올리게 해줄 것이었다.

꿈 단계에서 릴리는 이 리디자인의 목적에 초점을 맞추었다. 즉 다른 사람들이 귀한 손님으로 환대받는다고 느낄 수 있는 집을 만드는 것, 그리고 항상 경계하는 여자로 살아가지 않고 자신의 개방적인 참모습을 느끼는 것에 집중했다. 이 목적을 이루기 위해 그녀는 화려한 1인용 소파를 없애고 편안하게 앉을 수 있는 소파를 두 개 놓기로 결정했다. 릴리는 독서를 좋아해서 그 고요한 즐거움을 공유하는 파트너를 만나기를 희망했다. 그렇기 때문에 독서가 그들 두 사람에게 즐거운 경험이 될 수 있도록 반드시 조명이 밝아야 한다고 요구했다. 우리의 리디자인 작업은 그 두 가지를 항상 염두에 두었다.

발견 단계에서 릴리는 두 방향으로 빛을 발하는 램프를 구하려고 했다. 우리가 램프를 놓을 완벽한 자리를 찾아내자 릴리는 그런 램프가 필요하다는 것을 즉시 알아차렸다. 그녀가 평소에 이용하던 유명 백화점을 둘러보는 대신에 우리는 위탁 판매 가게와 경매점에서 로맨틱해

보이는 앤티크 가구를 중점적으로 살펴보았다. 우리가 찾아낸 벨벳 의자를 보고 릴리는 '사랑에 빠진' 느낌이라고 말했다. 우리는 바로 그 느낌을 지향하고 있었으므로 나는 그 의자가 릴리의 공간에 완벽하게 어울린다는 것을 알았다. 우리는 평가 단계에서 발견한 단서들과 직접 연관된 다른 물건들도 구했다. 그중에는 로맨틱한 느낌을 주는 2인용 식탁과 침실용 탁자 두 개, 램프 두 개도 있었다. 우리는 릴리의 집을 애정과 우정을 위한 공간으로 꾸몄고, 그녀가 그곳을 활짝 열어둔다면 사랑이 찾아올 것임을 의심치 않았다. 그리고 그 공간이 환대하는 분위기를 풍기고 다른 누군가가 쉽게 들어설 수 있는 곳이 되도록 완벽을 기했다. 릴리의 열망을 출발점으로 삼아 우리는 그 열망에 특히 유념하면서 릴리의 공간을 새로 디자인하고 창조할 수 있었다.

릴리는 자기 집을 꾸몄던 방식에 담긴 메시지를 해독했고, 그 해독 내용에 따라 공간을 다시 꾸미는 일에 열중했다. 그러자 그녀의 로맨스에 놀라운 변화가 뒤따랐다. 다른 누군가를 위한 물리적 공간을 마련하면서 릴리는 자기 마음속에도 공간을 마련해야 한다는 것을 깨달았다. 그녀는 자신이 실제로 살고 있는 공간을 직시할 수 있었다. 그 덕분에 자기 영혼을 디자인하는 내적 작업과 그에 걸맞게 자기 공간을 디자인하는 외적 작업에 꼭 필요한 변화를 의식적으로 주도할 수 있었다.

오래지 않아서 편안한 벨벳 의자 두 개는 주인을 만났고, 두 개의 침실용 탁자 위에도 두 사람의 책이 쌓이게 되었다.

크다고 항상 더 좋은 건 아니다

나를 찾아왔을 때 바버라는 스콧과의 결혼 생활이 파경을 치닫고 있는 이유를 딱 잘라서 이렇게 말했다. "남편은 우리가 새로 산 집을 꾸미는 일을 제게 맡기지 않았어요. 저를 못 믿었거든요. 그게 이유예요." 그 집은 그들 부부가 공동 소유한 첫 번째 대저택이었다. 그들 가족이 살기에 그 집은 지나치게 크다고 바버라는 말했다. 그전까지 바버라와 스콧은 두 아이와 함께 아담한 전원주택에서 살았고, 그때는 모든 게 좋았다. 그러다가 부동산 시장이 성황하자 다른 사람들처럼 그들 부부도 꿈꾸던 집으로 옮겨가면서 생활수준을 업그레이드했다. 아니, 업그레이드했다고 생각했다. 교외의 말끔한 풍경 속에서 흰색 나무 울타리가 둘러쳐진 드넓은 대지 위에 우뚝 솟은 그 집은 한눈에도 으리으리했다. 그 당당한 건물은 바버라가 항상 원했던 전부였다. 그 저택을 보면서 그들 부부는 성공했다고 느껴야 마땅했지만 오히려 무능하다는 느낌에 사로잡혔다.

집의 웅장한 규모가 애초부터 문제였다. 스콧은 그 저택을 바버라 혼자 힘으로 꾸미기는 불가능하다고 생각했다. 그래서 디자이너를 고용했다. 그는 그 과정을 전적으로 떠맡고는 색채와 조명부터 각 공간의 용도에 이르기까지 모든 것을 결정했다. 그 디자이너는 진흙 같은 칙칙한 갈색 페인트로 천지사방을 칠해놓았다. 그건 바버라가 끔찍이 혐오하는 색이었다. (바버라는 그 색을 볼 때마다 뭐가 생각난다고 했는데, 그게 뭔지는 독자들이 추측해보기 바란다.)

1년이 지났건만 그 집은 여전히 미완성이었다. 스콧과 바버라는 '진흙에 빠져 옴쭉도 못하는' 느낌이었다. 한 파티에서 나에 대해 듣고 그들은 도움을 청하기로 결심했다.

　그들 부부는 그 집을 지독히 싫어했고, 둘의 관계는 깨지기 직전이었다. 스콧이 디자이너를 고용하자마자 바버라는 자신에 대한 남편의 신뢰가 사라졌다고 생각했다. 그리고 바버라가 그렇게 생각하자마자 상황은 갈수록 나빠졌다. 그 저택은 그들을 비참하게 만들었다. 그리고 경기가 침체된 탓에 집을 팔고 그들 가족에게 알맞은 곳으로 이사할 수도 없었다. 두 아이를 위해 그들은 '잘해보려고 애쓰고' 있었다. 그 말은 그들 부부가 두 어린아이를 우연히 공유하게 된 이방인처럼 살고 있다는 뜻이라고 바버라는 울면서 말했다. 그 집에는 방이 남아돌았기 때문에 스콧과 바버라는 각방을 쓰고 있었다. 그들의 유일한 대화 주제는 아이들이었고, 그들은 항상 따로따로 아이들을 돌보았다. 친구들은 그들 부부가 무슨 일을 겪고 있는지 까맣게 몰랐다. 하지만 바버라의 엄마는 딸이 이제는 결혼반지를 끼고 있지 않다는 것을 알아차렸다.

긍정적 감정을 불러일으키는 물건을 찾으라

나는 그들 부부와 함께 영혼의 공간을 창조하는 작업을 시작했다. 맨 먼저 그 둘이 함께 좋아하는 것, 진심으로 공감할 수 있는 것을 찾는 일에 치중함으로써 그들을 화해시키는 과정에 들어섰다. 그 저택이 지닌 문제는 실내장식이 아니었다. 모든 사람의 취향을 만족시키진 못하겠지만 그 집은 잘 꾸며져 있었다. 자신이 사는 공간이 너무 작다고 생각하는 사람들이 많지만 그 집은 그게 문제가 아니었다. 바버라는 그 집이 너무 크다고 주장했지만 그것도 문제는 아니었다. 문제는 바로 그들 부부가 그 집을 '함께' 만들어가고 있지 않다는 것이었다. 바버라와 스콧의 집은 그 둘의 결합이 아닌 분리를 상징했다. 둘의 유사점이 아닌 차이점을 상징했다. 그 저택의 리디자인 작업에는 '함께한다'는 느낌이 필요하다고 나는 확신했다. 그래야만 누가 봐도 불행한 그 부부가 친밀하게 결합할 수 있을 터였다.

두 사람과 함께 집 안 곳곳을 둘러보다가 나는 깜짝 놀랐다. 그들 부부에게는 의견이 일치하는 것이 단 하나도 없었다. 스콧이 페인트칠한 벽을 좋아하면 바버라는 그걸 질색했고, 바버라가 매우 좋아하는 그림을 보고 스콧은 그걸 벽난로 불쏘시개로 쓰는 게 낫겠다고 생각하는 식이었다. 결국 나는 그들을 향해 돌아서서 대놓고 물었다. "두 분이 똑같이 좋아하시는 게 하나라도 있긴 있어요?"

바버라는 잠시 머뭇거리더니 옷장으로 걸어가서 퀼트 이불을 꺼냈다. 파랑과 초록, 하늘과 바다의 온갖 다채로운 빛깔로 만들어진 작품이었다.

"와! 산타페에서 우리가 샀던 퀼트 이불을 잊고 있었네. 기막히게 멋있어!" 스콧이 감탄했다.

"정말 아름다워요." 바버라가 말했다.

서로 대화한 지 몇 시간 만에 두 사람이 처음으로 의견 일치를 본 순간이었다. 그리고 그들이 처음으로 마주 보고 아주 살짝 웃은 순간이 기도 했다. 그들 부부는 둘이 공유한 그들 자신의 일부와 서로에 대한 신뢰를 옷장에 넣어 잠가두고 살아왔다. 이제는 그 문을 활짝 열어 빛을 들여보내고 사랑을 꺼내야 할 때였다.

이로써 그들은 함께 작업하기 시작했다. 바버라와 스콧에게는 둘이 같은 의견을 지닌 물건이 하나 필요했다. 그래야만 이 리디자인 과정을 지속하고 팀으로 힘을 합쳐 그들의 공간을 바꿀 수 있었다. 이제 그들은 시금석, 즉 두 사람이 긍정적으로 공감할 수 있는 물건을 드디어 찾아낸 것이다. 리디자인 작업을 하는 동안 의견이 어긋날 때마다 그들은 그 물건으로 계속 돌아와서 둘의 유대감을 되새길 수 있었다. 그리고 바버라와 스콧은 수도 없이 그렇게 돌아와야 했다.

비난을 멈추고 당신의 공간을 포용하라

당신의 문제가 당신이 살고 있는 공간의 물리적 측면 때문에 생겨난다고 생각하는가? 자기 소유의 집이 아니라 세를 들어 살고 있다는 사실 때문에? 도심가의 고층 아파트를 선호하는데 실제로는 교외 주택에서 살고 있는 게 문제의 원인이라고 생각하는가? 그렇다면 그 생각을 재고하라. 다음과 비슷한 말을 나는 수없이 듣는다.

"제 아파트는 너무 작아서 정말 스트레스 받아요. 해야 할 것을 할 공간이 없어요."

"이 집을 꾸미는 건 불가능해요. 지나치게 크거든요. 물건을 아무리 많이 들여놔도 휑하기만 해요. 아늑하다는 느낌이 안 들어요."

"이건 전셋집이에요. 그러니까 이곳을 효율적으로 사용하게 개조하는 건 쓸데없는 짓이에요."

"방이 하나 더 있으면 좋겠어요."

"창문이 더 많으면 좋겠어요."

이 말은 모두 핑계다. 표면 아래에 놓인 진실을 보게 된다면 당신은 그런 핑계를 대지 않을 것이다. 어떤 곳에서 살고 있든지 이제는 당신 자신을 더 깊이 이해하고 자기 공간에서 더욱 편안해져야 한다.

내 말은 창문이 없는 지하실 원룸에서 살고 있는 사람에게는 세 면이 트인 복층 아파트가 편안하지 않을 거라는 뜻이 결코 아니다. 공간의 물리적 측면을 모든 문제의 원인으로 지목하고 비난해서는 안 된다는 뜻이다. 그런 비난은 진실을 보지 못하게 방해할 뿐이다. 스콧과 바버라를 생각해보라. 침실이 남아도는 대저택에 살면서도 그들은 비참하고 불행했다. 그렇다면 더 큰 공간이 당신을 실제로 더 행복하게 해 줄 거라고 누가 장담할 수 있겠는가? 당신이 살고 있는 집이 큰지 작은지는 중요하지 않다. 크기와 상관없이 그 집에 자신을 더 많이 표현할 공간은 항상 존재한다.

지금 당신은 못마땅한 그 집을 버리고 더 나은 곳으로 이사할 수 있는 처지가 아닐 것이다. 그리고 당신의 인생에 당신을 실제로 괴롭히고 있는 어떤 문제가 존재한다면 이사를 한다 해도 소용이 없다. 이사는 당신이 상상하는 것만큼 그렇게 큰 도움이 되지는 않을 것이다. 틀림없다. 당신은 그 모든 문제를 그 새로운 공간으로 고스란히 끌고 들어갈 것이기 때문이다. 그러니 이제는 비난을 중단해야 한다. 평계를 대지 말고 지금의 공간을 내 것으로 만들어야 한다. 현재 살고 있는 공간을 기꺼이 받아들여야 한다. 그래야만 당신의 안과 밖을 더 나은 공간으로 바꿀 수 있다.

아름다움의 표면 아래를 보라

집을 완벽하게 꾸미는 것이 가장 아름다운 물건을 소유하는 것과 항상 연관된 것은 아니다. 각각의 소유물은 어떤 느낌을 주는가? 그 물건을 어디에서 구했는가? 그것을 보면 누가 떠오르는가? 그 물건을 소중히 여기는 이유는 무엇인가? 어떤 물건이 경매에서 고가에 팔릴 거라고 해서 그것이 최고의 장식품이 되지는 않는다. 평가 단계에서 당신이 지닌 물건들에 대해 숙고할 때는 표면 아래를 봐야 한다.

   린다는 활기차고 당당한 여성으로 내 친구이자 고객이었다. 나는 린다가 결혼하기 전부터 알고 지냈고, 5년간의 결혼 생활 내내 연락을 지속했다. 결혼이 파경을 맞았을 때 린다의 어떤 것이 변한 듯했다. 그녀는 예전의 린다가 결코 아니었다. 그 어떤 것이 뭔지 나는 꼭 집어 말할 수가 없었다. 그래서 린다가 앞으로 진행할 리노베이션에 대해 의논하자며 집으로 초대했을 때 무척 기뻤다. 린다가 사는 공간에서 함께 대화함으로써 그녀에게 무슨 일이 있었는지 알아낼 수 있었기 때문이다.

린다의 아파트를 구석구석 돌아다니며 우리는 각 물건을 평가하기 시작했다. 린다는 자신이 소유한 물건에 애착이 매우 강한 것 같았다. 나는 무엇이 문제인지 알아낼 수 없었다. 그러다가 거실로 들어섰다. 린다는 나를 끌고 거실 중앙에 걸려 있는 그림으로 곧장 걸어갔다. 거실의 가장 중요한 자리를 차지한 그 그림은 한눈에 보기에도 대단히 인상적이었다.

린다는 자기 물건 중에서 그 그림이 가장 소중하다고 말했다. 충분히 이해할 만했다. 그 그림은 정말로 아름다운 걸작이었다. 내 집에 걸려 있으면 나라도 뿌듯해했을 것이다.

이어서 린다는 그 물건을 손에 넣은 과정을 들려주었다. 이혼할 때 그 그림을 '쟁취'했다면서 그녀는 전남편이 가장 아끼는 물건을 빼앗음으로써 자신이 얼마나 철저히 복수했는지 자랑스럽게 설명했다. 린다는 그 그림이 자신의 독립을 상징한다고 생각했다. 하지만 대화를 나누면서 나는 그 아름다운 그림이 린다를 과거에 묶어두는 닻이라는 것을 깨달았다. 그 그림은 린다가 그 앞을 지나갈 때마다 고통스런 기억을 일깨웠다. 그 걸작 속에는 그녀가 전남편에 대해 여전히 품고 있는, 해소되지 않은 무의식적 분노가 그대로 담겨 있었다.

싫거나 좋은 이유를 간파하라

평가 단계에서는 당신의 모든 소유물과 공간 곳곳에 대해 실제로 깊이 숙고할 필요가 있다. 당신이 어떤 물건을 좋아하고 그 이유는 무엇인지, 어떤 물건을 싫어하며 그 이유는 무엇인지, 집의 어느 공간에 있을 때 편안한지, 어느 공간에 있을 때 낯설고 불편한지 철저히 숙고해야 한다. 당신이 지닌 물건의 목록을 작성하고 각 물건이 놓인 위치를 적어둘 필요가 있다. 뿐만 아니라 그 물건 각각에 대한 당신의 느낌도 자세히 조사해야 한다.

어떤 사람들은 거장이 그린 값비싼 초상화를 걸어놓고 그 앞을 지날 때마다 창의성이 샘솟아 기분이 한껏 고양될지도 모른다. 하지만 린다에게 그 아름다운 그림은 자신의 실패한 결혼과 복수를 상기시키는 물건이었다. 철저히 복수하면 모든 걸 훌훌 털어버리고 생의 다음 단계로 넘어갈 줄 알았지만 복수는 그다지 만족스럽지 않았다. 린다는 복수에 행복해하지 않았고, 여전히 이혼에 묶여 있었다. 그녀는 그저 견디고 있을 뿐이었다. 앞으로 나아가지 못하고 있었다.

린다는 그 아름다운 그림을 팔았다. 그리고 그 돈으로 리노베이션 작업을 시작하고 활기와 기쁨을 돋우는 다른 그림을 사서 거실에 걸어놓음으로써 새로운 인생을 열었다. 값비싼 예전 그림을 볼 때마다 고통스런 과거로 돌아가는 대신에 린다는 그 그림을 일종의 다리로 이용해서 희망찬 미래로 건너갔다. 더는 도움이 되지 않는 물건이 있다면 그 물건을 바로 그렇게 이용해야 한다. 예전 그림은 버림받고 좌절하고 분개했던 지난날에 린다를 묶어두었다. 반면에 새로 산 그림은 그녀에게 자신이 강인하다는 것을 일깨워주었다. 그렇게 집을 새로 꾸미고 나자 전남편을 향한 분노가 다소 가라앉았다고 린다는 말했다. 그리고 데이트도 시작했다.

물건에 대한 정서 목록을 작성하라

당신이 사는 공간이 어떻게 보이고 어떻게 느껴지기를 원하는가? 당신은 어떤 사람이 되고 싶은가? 이것들을 알아내는 과정을 시작할 때 중요한 게 있다. 현재, 지금 이 순간에 당신이 실제로 살고 있는 곳을 철저히 조사하는 것이다. 이 말은 소유한 세간을 샅샅이 찾아내서 목록을 작성하는 것만을 뜻하지 않는다. 그 각각의 물건에 당신이 부착한 감정을 조사한 정서 목록도 만들라는 뜻이다. 집 안에 놓인 각 물건마다 당신의 감정과 생각이 투사되어 있다. 영혼의 공간을 창조하는 이 작업이 당신을 위해 무엇을 창조해주기를 원하는가? 당신이 원하는 것을 정의하고, 각 소유물에 투사된 정서를 해독하라. 그럼으로써 당신은 그 공간과 더불어 자기 자신을 바꾸기 시작할 수 있다.

 새로운 눈으로 주변을 둘러보며 당신이 오래전부터 모아온 물건들을 보라. 그것들은 당신을 정말로 기쁘게 해주는가? 어떤 물건은 당신이 이제는 기억하고 싶지 않은 특정 시기를 떠올리게 해줄지도 모른다. 우리가 모은 물건은 반드시 내려놓아야 할 불쾌한 기억이나 감정이나 장소에 우리를 단단히 묶어두는 닻이 될 수 있다. 그 물건들은 당신이 그 불쾌한 감정을 알아채고 방출할 준비가 되었을 때 방출되기를 기다리고 있다. 당신이 살아온 공간과 여전히 간직하고 있는 물건을 기준으로 자신을 판단해서는 안 된다. 그런 판단은 당신이 사는 공간에 당신을 계속 가둬둘 뿐이다. 자기 용서와 자기 사랑이 유일한 해결책이다.

물건에 담긴 의미를 더 깊이 숙고하라

마샤는 내가 미술 수업에서 만난 여성이었다. 첫 번째 평가 단계에서 나는 마샤의 옷장에 웨딩드레스가 걸려 있는 것을 보았다. 그녀가 싱글이라고 생각했기 때문에 나는 그 드레스가 뭐냐고 물었다. "스무 살 때 결혼해서 1년간 같이 살았어요." 마샤가 대답했다. "우리는 너무 어린 나이에 결혼했어요. 그래서 자꾸 어긋났죠. 결혼하고도 고등학생 연인들 같았어요. 그 시절의 아름다운 기억이 아직도 생생해요."

전남편과는 여전히 친구로 지내고 있었고, 마샤는 몇 년 전에 그의 결혼식에도 참석했다. 그러나 내가 마샤에게 말했듯이 전남편은 앞으로 나아갔고 마샤는 그러지 못했다. 그녀는 10년 전에 결혼식장에서 신었던 웨딩 슈즈도 여태 간직하고 있었다.

그 물건들을 간직하는 것은 실패한 결혼 생활을 간직하는 게 아니라 어릴 때 공유한 순수한 사랑을 간직하는 거라고 마샤는 우겼다.

"나는 좋은 시절을 기억하고 싶어요, 나쁜 시절이 아니라." 그녀는 그렇게 말했다. 나는 그 말에 동의하지 않았다. 그 웨딩드레스를 옷장에 걸어두는 것은 좋은 생각이 아니라고 나는 확신했다. 그 드레스가 옷장을 열 때마다 즉시 눈에 띄는 중요한 자리를 차지하고 있기 때문에 특히 그러했다. 데이트에 입고 나갈 완벽한 옷을 찾으려고 옷장을 열 때도 마샤의 눈에 제일 먼저 들어오는 옷은 새하얀 드레스였다. 실제로 그 웨딩드레스가 행복했던 시절을 기억하게 해줄까?

"그 드레스를 마지막으로 입어본 때가 언제였어요?" 내가 물었다.

"결혼식 날 이후로는 안 입었어요."

나는 마샤에게 그 웨딩드레스를 한번 입어보고 어떤 느낌이 드는지 알아보라고 권했다. 마샤는 생각해보겠다고 대답했다. 그리고 일주일이 지난 후에도 그녀에게서는 아무 소식이 없었다.

모든 구름 뒤에는 햇빛이 있다. 하지만 모든 사람이 구름을 헤치고 햇빛을 볼 준비가 되어 있는 것은 아니다. 이게 진실이다. 우리는 고통을 내려놓고 불쾌한 물건을 없애면 그 자리가 텅 빌까 봐, 또는 더 나쁜 것으로 채워질까 봐 몹시 겁낸다. 그래서 그 물건을 없애지 못한다. 이런 집착이 자신의 참모습을 깨닫고 경험하지 못하게 방해한다는 것을 우리는 모르고 있다.

몇몇 경우에 평가 단계의 목적은 우리를 고양하는 물건을 알아내고 기억하는 것이다. 우리는 자신을 우울하게 만드는 물건은 중시하면서 자신감과 자기 이해의 열쇠를 쥐고 있는 물건은 무시한다. 그러므로 물건을 평가할 때 우리는 종종 자동으로 반응한다. 잠시 멈춰서 심호흡하라. 거기에 실제로 존재하는 것을 보고 느껴라. 당신 앞에 놓여 있는 것을 진정으로 숙고하라. 한 번에 한 가지 감정을, 한 가지 물건을 차근차근 숙고하라. 서두르지 마라!

당신이 거둔 성공을 진열하라

제이슨은 나의 파트너로 내 인생의 상당 부분을 차지하는 소중한 동반자다. 그를 처음 만나고 몇 주가 지난 어느 아름다운 오후에 우리는 해변에 있는 그의 아파트에서 시간을 보냈다. 제이슨은 소파에서 책을 읽었고, 나는 그의 허락을 받고 아파트를 샅샅이 살펴보고 있었다. 이 남자의 물건들을 통해 그에 대해 더 많은 걸 알아내고 싶었다. 그러다가 옷장 바닥에서 옷 더미에 깔린 상패를 발견했다.

"이게 뭐예요?" 내가 물었다.

"상패잖아요." 제이슨은 시큰둥하게 대답했다.

"무슨 상이에요?"

"최고 신인상이오." 제이슨은 브로드웨이 뮤지컬에서 대단히 훌륭한 연기로 그 상을 받았던 것이다. 나는 사람과 물건 간의 연결 관계를 강박적으로 중시해서 당연히 제이슨이 그 상패를 훨씬 더 눈에 띄는 자리에 놓아두기를 원했다. 모든 사람이 볼 수 있고 그 상이 의미하는 것, 즉 제이슨의 재능을 실감할 수 있는 곳에 놓아야 한다고 생각했다.

그날 아파트를 떠날 즈음, 나는 제이슨의 지난 성공을 보여주는 증거인 그 상패를 그의 책상에 올려놓았다. 제이슨도 그것을 거기에 두는 데 동의했다. 그리고 몇 주 후, 제이슨의 에이전트에서 연락이 와서 두 가지 기회를 제안했다. TV 드라마와 영화의 배역이었다. 제이슨은 그 기회를 자신만만하게 열정적으로 추구했다. 이렇게 된 것이 우리가 그 상패를 책상 위로 옮겨놓았기 때문일까? 누가 알겠는가. 어쨌든 몇 주 후에 연락이 왔고, 제이슨은 두 가지 배역을 맡았다!

4년 후, 제이슨은 내 집에서 주로 지냈지만 그 상패는 여전히 그의 해변 아파트에 있었다. 나는 그 상패를 내 집으로 가져오라고 그에게 권했다. 그러면 제이슨은 그것을 매일 볼 수 있었고 스타 연기자로 성공한 자신의 인생을 실감할 수 있었다. 그는 내 말에 따랐다. 이것은 또 다른 긍정적인 결과로 이어졌다. 제이슨이 자신의 야망과 성공을 나와 함께 살고 있는 공간에 기꺼이 간수하는 것을 보고 나는 그가 나를 깊이 신뢰한다고 느꼈다. 상패의 위치를 바꾼 것이 의식에 변화를 일으켜서 중요한 사건을 촉발했을 때 이번에는 제이슨도 나도 전혀 놀라지 않았다. 그 변화로 제이슨에게 어떤 일이 생겼을까? 상패를 내 집으로 옮긴 직후, 그는 브로드웨이 뮤지컬의 연출을 맡았고 비평가들의 극찬을 받았다. 이 사건은 내게 무엇을 의미했을까? 당연히 나는 이렇게 말했다. "그렇게 될 거라고 내가 말했잖아!"

이것이 바로 우리가 주변에 두기로 결정한 물건들이 지닌 힘이다. 우리가 어디에서 살고 있든지 우리를 응원하고 우리에게 말을 거는 물건들로 환경을 꾸미는 것은 대단히 중요하다.

철저한 평가를 통해 통찰을 얻으라

평가 과정은 자신의 공간을 면밀히 조사하는 것을 의미한다. 당신을 감동시키는 아름다운 음악을 트는 것으로 시작하라. 밖으로 나가 현관문을 닫고 도로 안으로 들어오라. 집에 들어설 때 보통 당신은 열쇠를 문가에 던져두고 서둘러 들어와서 음식을 먹거나 물건을 정리하거나 TV를 켤 것이다. 당신이 지닌 모든 물건을 실제로 보고 당신의 공간이 어떤 느낌을 주는지에 대해 생각해본 적이 언제였는가? 당신의 공간과 그 안에 놓인 물건에 조금이라도 관심을 기울인 적이 언제였는가? 물건을 하나하나 만져보고 애정을 보낸 적은 또 언제였는가?

당신이 사는 공간을 자세히 살펴보고 나서 그곳에 대해 생각해보라. 그 공간을 깊이 숙고하라. 판단하지 말고 그냥 관찰하라. 그 공간을 둘러볼 때 가장 두드러지는 물건에 맨 먼저 주의를 기울여라. 즉 가구의 배치와 색깔을 눈여겨보고 그것에 대해 깊이 숙고하라. 그다음에 장식품을 바라보라. 벽에 걸린 그림이나 탁자에 놓인 꽃병을 보고 숙고하라. 이어서 더 깊이 들어가서 침대 밑과 서랍 속과 옷장 안을 살펴보라.

천천히 걸으며 집 안 곳곳을 살필 때 다음에 제시된 질문과 제안을 숙고하라. 전체적인 모습은 물론이고 세세한 부분에 주의를 기울여라. 평가 단계에서는 공간을 바꾸는 문제에 대해 아직은 걱정할 필요가 없다. 그저 당신이 애정으로 돌봐야 하는 영역을 알아내기만 하면 된다. 지금 당신은 통찰을 얻기 위해 마음을 맨 밑바닥까지 헤아리기 시작하는 중이다. 소파를 옮기는 건 나중 일이다. 그러니 걱정하지 마라!

아이디어가 떠오르면 나중에 참고할 수 있도록 적어두어라. 모든 질문에 빠짐없이 대답하려고 지나치게 신경 쓰지 마라. 또한 당신의 공간을 정확히 어떻게 꾸밀지에 대한 기나긴 목록을 작성하려고 애쓰지도 마라. 공간을 관찰할 때 마음속에서 일어나는 가장 강한 느낌들을 그냥 적어라. 당신이 정말로 없애버리고 싶다거나 더욱 소중히 여기고 싶은 물건이 있을 경우, 그때의 느낌을 특히 잘 적어두어라.

이 단계를 빨리 끝내려고 서둘지 마라. 필요하다면 한 번에 방 한 곳이나 옷장 한 칸, 장식장 한 층만 살펴보라. 다시 말하지만, 당신은 자기 영혼의 속도로 영혼의 공간을 창조해가야 한다. 자신의 내면을 하룻밤 새 통찰하기는 불가능하다. 그러니 인내심을 가지라. 그리고 기억하라. 평가 단계는 시험이나 퀴즈가 아니다. 질문의 대답에 오답이나 정답은 없다. 다음 질문들은 일련의 기회일 뿐이다. 그 기회를 이용해 당신은 초심자의 눈으로 자신의 믿음 체계와 해결되지 않은 문제, 스스로 규정한 한계, 그리고 당신의 공간에 존재하는 변화와 성장의 가능성을 실제로 볼 수 있다.

이제는 과거로 돌아가는 것을 중단하고 당신이 정말로 사랑하고 계속 간직하고 싶은 것과 버리고 싶은 것이 무엇인지 결정해야 한다. 그럼으로써 현재를 살아야 한다. 그러면 당신은 과거에 붙잡히는 대신에 과거를 디딤돌로 삼아 미래로 들어설 수 있다.

배치와 의도에 초점을 맞추라

새 집에서 산다면, 가족이 오랫동안 꿈꿔온 집을 갖기만 한다면, 모든 문제가 감쪽같이 사라질 거라고 우리는 생각한다. 집이 더 크기만 하다면, 또는 더 작기만 하다면, 아무 문제도 없을 거라고 생각한다. 당연히 그것은 결코 사실이 아니다. 그리고 공간을 탓하는 것은 하나의 핑계일 뿐이다. 집에서 불행한 것에 대해 당신은 어떤 핑계를 대고 있는가? 집이 너무 커서 불행한가? 너무 작아서? 세간이 너무 많아서 불만인가? 너무 적어서 불만인가? 공간마다 그 나름의 난제를 안고 있다. 우리가 해야 할 일은 그 난제들을 알아내고, 신중하고 균형 잡힌 계획을 통해 각 난제를 해결하는 것이다.

특정 공간이 현재 침실이라고 해서 영원히 침실이어야 한다는 법은 없다. 각 공간을 개별적으로 숙고하고 당신의 삶과 집에서 그 공간의 용도와 필요성을 평가하라. 그런 다음에 그 공간을 최대한 활용하고 더욱 쓸모 있게 이용할 방법을 강구하라.

- 당신이 가장 자주 사용하는 공간은 어디인가? 이 질문은 당신의 자원을 집중적으로 활용하는 방법을 알아내도록 도와준다.
- 당신이 절대 사용하지 않는 공간이 있는가? 차고는 잘 쓰고 있는가? 집 바깥의 공간은 어떠한가? 당신이 갖고 싶은 공간은 무엇인가? 당신에게 필요하지 않은 공간은 무엇인가? 버려진 공간이 당신이 꿈을 실현할 수 있는 곳으로 바뀔 수 있다. 한 번도 쓰지 않는 작업실을 요가실이나 화실로, 여분의 침실을 작업실로 바꿔라.
- 공간에서 공간으로 물 흐르듯 자연스럽게 연결되는가? 각 공간은 어떤 공간과 이어지는가? 공간의 입구가 가구로 막혀 있는가? 한 공

간에서 다른 공간으로 쉽게 이동할 수 없다면 그 막힌 지점에 초점을 맞춰라. 당신 인생의 특정 영역이 장애물로 막혀 있을지도 모른다. 흐름이 더욱 원활하도록 변화시킬 수 있는 곳은 어디인가?

- 식사하는 공간은 깨끗하고 깔끔한가? 거기서 좋은 음식을 맛있게 먹는 기쁨을 누리는가? 쓰레기통과 재활용 깡통은 가능하다면 눈에 띄지 않게 하라. 주변 환경은 우리의 경험에 영향을 미친다. 그러니 그 경험들을 최대한 '영양가 많은 것'으로 만들자.
- 잠자는 공간이 지저분하고 사랑과 인생 대신에 일거리를 떠올려주는 물건으로 가득한가? 침실은 로맨스와 휴식을 위한 공간으로 유지하고 일거리는 다른 곳으로 치워라.
- 다른 사람과 공유하는 공간은 실제로 공동 공간인가? 그곳은 대화를 격려하고 친밀감을 조성하는가? 아니면 소파는 친밀한 대화가 아닌 드러눕기 위한 물건인가? 사람들이 당신의 집에 어떤 식으로 모이는지 숙고하고 어느 곳을 모임 공간으로 정하면 가장 좋을지 알아내라. 커다란 테이블이나 편안한 소파가 여러 개 놓인 거실은 인간관계를 향상하고 소통을 촉진한다. 대화와 공동 활동을 위한 공간을 만드는 것은 사람들을 불러 모으는 기적을 일으킨다. 집 안에 친밀감을 더 많이 조성하라. 그러면 당신은 세상 속에서 다른 사람들과 더욱 친밀해질 것이다.
- 집이 비좁고 갑갑하게 느껴지는가? 불필요한 물건을 없애라. 잡동사니가 많으면 작은 공간이 훨씬 더 작게 느껴진다. 그리고 당신의 영혼은 숨 쉬고 휴식하고 재충전할 공간을 필요로 한다.

색깔에 초점을 맞추라 : 당신에게 영감을 주는 물건을 이용하라

마우이섬의 사유지를 리노베이션하는 동안 나는 주요 건물에 꼭 알맞은 색깔을 찾으려고 무지 애를 썼다. 나는 그 건물들이 강렬하면서도 자연스럽게 풍경의 일부가 되기를 원했다. 건물이 풍경과 뒤섞여 구별할 수 없는 지경이 되지 않으면서도 유난히 두드러지지 않기를 원했다.

초심자의 자세로 눈을 크게 뜨고 대지를 걸어가면서 나는 알맞은 색을 찾으려는 지나친 노력을 내려놓았다. 바로 그때, 나는 완벽한 색깔을 발견했다. 어떻게 그럴 수 있었을까? 그냥 걸어가며 바라봄으로써 나는 그때까지 나를 교묘하게 피해가던 영감을 발견했다. 거의 매일같이 나는 똑같은 나무들, 똑같은 바나나 숲을 지나쳐 걸었다. 하지만 이번에는 평가했다. 그것들을 실제로 '보았다'. 그러자 대지가 앞으로 나서서 완벽한 색을 고르는 나를 도와주었다.

바나나 숲 속에 매달려 있는 아름다운 바나나 꽃을 자세히 보았을 때 나는 그 꽃잎의 색채에 깜짝 놀랐다. 붉은빛이 도는 짙은 보라색이 내 영혼을 뒤흔들었다. 그 꽃잎의 색깔에 감동으로 전율했기 때문에 나는 주요 건물들이 바로 그 색이어야 한다는 것을 알았다.

집을 둘러싼 자연환경이 그 집에 꼭 알맞은 색깔에 대한 단서를 제공할 때가 빈번하다. 당신의 공간 내부를 장식하는 주요 색깔에 주의를 기울이고 그 색이 당신을 얼마나 감동시키는지 알아보라.

색깔에 대한 영감을 얻는 방법은 아주 많다. 색 표본과 색상표를 보는 것은 전통적으로 흔한 방법이다. 하지만 우리를 실제로 가장 깊이 감동시키는 색은 집 안에 놓인 몇 가지 물건 속에 종종 살아 있다. 말하자면 옷가지나 장신구나 그림이나 사진 속에 들어 있다.

- 당신의 공간에서 우세한 색깔은 무엇인가? 그 색을 보면 어떤 느낌이 드는가? 행복한가? 평화로운가? 그 색은 옛 기억을 불러일으키는가? 당신이 살았던 다른 곳을 기억나게 하는가?
- 꽃병에는 당신이 가장 좋아하는 꽃이 항상 꽂혀 있는가? 그 꽃은 무슨 색인가? 그 꽃의 질감은 어떤가? 그 꽃은 봄, 여름, 가을, 겨울 중 어느 계절을 연상시키는가? 실험 삼아 빛깔이 다른 여러 가지 꽃을 함께 꽂아보라. 어떤 꽃들이 서로 잘 어울리고 어떤 꽃들이 어울리지 않는가? 당신에게 영감을 주는 작은 꽃다발을 만들어라.
- 페인트 색은 당신이 골랐는가? 아니면 사이가 좋지 않았던 예전 룸메이트가 고른 색인가?

당신의 스타일을 숙고하라

관련 잡지와 서적은 당신에게 다른 생각을 주입하겠지만 스타일이란 올해의 컬러나 내년의 패브릭과는 상관이 없다. 최신 유행을 따라하거나 유명인의 화려한 집을 모방하는 것과도 무관하다. 스타일은 당신이 긴장을 풀고 영감을 얻고 고양되고 인생을 만끽하게 해주는 컬러와 패브릭과 디자인이 무엇인지 알아내는 것과 관계가 있다. 의뢰인과 함께 옷장을 샅샅이 살펴보면서 나는 그가 정말로 좋아하고 입었을 때 멋있어 보인다고 느끼는 옷을 모두 골라내라고 한다. 현대적이든 보수적이든 전통적이든 그의 옷차림은 보통 그가 생활하는 환경에서 그에게 가장 잘 어울린다. 그 스타일은 완벽한 것과는 상관이 없다. 개성을 지니는 것이 중요하다. 당신의 내부에 누가 숨어 있는가? 누가 밖으로 나와서 인생을 즐길 준비를 하고 있는가?

- 당신의 공간이 현재의 '당신 자신'과 실제로 비슷하다고 느껴지는가? 아니면 그 공간은 다른 누군가의 스타일이나 아이디어가 뒤섞인 곳인가? 자기 공간 속에 있는 당신 자신이 낯설게 느껴진다면 뭔가를 바꿀 필요가 있다.
- 당신 개인의 스타일을 정의하기가 힘든가? 아니면 당신은 자신이 원하는 것을 항상 정확하게 알고 있는가? 어느 경우에 해당하든지 당신이 사는 지역의 박물관이나 미술관, 가구 전시회, 오픈 하우스를 찾아가서 어떤 종류의 물건에 자신이 감동하는지 알아보면 좋다.
- 당신의 감성에 맞지 않는 물려받은 물건들로 꾸며진 곳에서 살고 있는가? 모든 것을 내버리고 처음부터 새로 시작하고 싶은가? 소유한 것을 사랑하고 싶다면 당신이 사랑하는 것을 소유해야 한다. 버리고 싶은 몇백 가지 물건으로 채워진 곳보다는 당신이 열렬하게 사랑하는 몇 가지 물건과 함께 사는 게 낫다.
- 당신의 공간은 호텔과 비슷하게 일률적인 세트로 꾸며져 있는가? 자신의 공간을 조금 더 개성 넘치는 곳으로 만들고 싶은가? 완벽한 세간이 항상 완벽한 집을 만드는 것은 아니다. 이제는 당신의 영혼이 풍부하게 표현된 공간, 당신과 그곳에 들어설 다른 사람들을 깊이

감동시키는 공간을 창조해야 한다.

- 그 공간은 당신이 다른 사람들을 불러들이는 자랑스러운 곳인가? 당신은 파티나 여러 행사를 자주 여는가? 아니면 대체로 초대를 회피하는가? 사람들을 집으로 부르기를 꺼린다는 것은 당신이 그 공간이 자신과 어울리지 않는다고 생각하거나 그곳을 자세히 보여주기를 원치 않는다는 신호다.
- 어떤 종류의 옷을 입었을 때 가장 당신답다고 느끼는가? 편안한 요가복인가, 출근할 때 입는 정장인가? 어떤 스타일의 공간이 당신이 꿈꾸는 라이프 스타일을 가장 잘 반영하는가? 당신이 옷 입는 스타일은 그 공간 스타일에 대해 어떤 정보를 제공하는가?

소유물을 거울로 이용해서 공간을 평가하라

물건은 단지 물리적 사물이 아니다. 물건은 우리의 가장 깊은 감정과 애착을 간직한 장소다. 우리의 소유물은 우리를 침울하게 만들기도 하고 의기양양하게 만들기도 한다. 그 물건은 우리가 필히 내려놓아야 하는 생의 힘겨운 시기와 단단히 엮여 있을 수 있다. 또는 우리가 기억하고 존중하고 중시하고 재조명해야 하는 자신의 가장 중요한 부분과 연결되어 있을 수도 있다.

공간을 평가할 때 당신의 가구와 장식품과 관련하여 떠오르는 감정과 그 물건에 얽힌 기억을 알아내라. 거울에 걸어둔 목걸이. 이것은 당신을 결코 충분히 사랑하지 않았던 남자 친구가 준 것인가, 사랑하는 할머니의 선물인가? 그 목걸이를 보면 당신이 무가치하고 별로 매력적이지 않다는 느낌이 드는가, 자신감이 커지고 사랑받는다는 느낌이 드는가? 특정 소유물에서 당신이 무엇을 느끼고 무엇을 느끼지 않는지 주의를 기울이고, 그 이유를 숙고하라. 그 이유는 긍정적인가, 부정적인가? 당신을 고양하는가, 절망시키는가?

- 현관문을 들어설 때 제일 먼저 눈에 보이는 것은 무엇인가? 그것을 보면 어떤 느낌이 드는가? 집에 들어설 때 내가 맨 먼저 보는 것은 400년 된 관음상(觀音像)이다. 자비를 상징하는 관음보살은 자비로운 커뮤니케이터가 되고자 하는 내 열망을 일깨워주고, 내가 그 앞을 지날 때마다 나 자신을 향한 가장 큰 희망과 소망을 무의식적으로 미묘하게 전달한다.
- 소유물이 연상시키는 것들은 당신을 행복하게 하는가, 우울하게 하는가? 당신이 지닌 물건에 붙어 있는 정서적 요소를 분석하라. 그럼으로써 당신은 자신이 가장 철저히 차단하는 감정이나 가장 깊이 감춰둔 감정에 접근할 수 있다.
- 승리나 성공을 상기시키는 물건을 눈에 띄는 곳에 놓아두는가? 당신이 성취한 것을 자랑스럽게 여겨라. 이런 태도는 더 많은 성취를 불러온다. 단, 균형을 유지해야 한다. 과거의 성공에 대한 지나친 집착은 우리 앞에 열려 있는 새로운 길을 보지 못하게 방해할 수 있다.
- 현재의 당신 모습이나 미래에 당신이 있을 곳을 더는 반영하지 못하는 물건은 무엇인가? 지난날 우리에게 유용했던 물건이 우리가 계속 발전하고 성장함에 따라 이제는 쓸모가 없어지기도 한다.

- 당신이 되찾고 싶은 자신의 일부가 있는가? 당신이 이루고 싶은 꿈이 있다면 그것을 일깨워주는 물건을 가장 중요한 장소에 놓아라. 악기든, 직접 만든 예술 작품이든, 당신을 감동시키거나 고양하는 물건이면 무엇이든 상관없다. 특정 물건을 우리가 사는 공간에 의식적으로 놓아두는 행위는 우리의 꿈과 희망과 소망을 일깨워준다. 그 물건은 우리에게 그 꿈을 조용히 속삭여준다.
- 당신의 공간은 사람들의 사진으로 가득한가? 당신이 부족하다거나 비난을 받고 있다는 느낌을 주는 사람들의 얼굴은 절대로 들여다보지 마라. 당신의 존재가 소중하고 사랑받는다고 느끼게 해주는 사람들의 사진을 주변에 두어라. 당신이 날마다 쳐다보는 사진을 하나씩 보면서 각 사진 속 인물과 해결되지 않은 문제가 하나라도 있는지 알아보라.
- 옷장과 서랍과 침대 밑 공간은 낡은 구두와 빛바랜 사진과 감춰진 분노로 가득한가? 그곳에 처박아둔 각 물건에 대해 숙고하고 당신의 해소되지 않은 부정적 감정을 거기에 감춰두고 있지 않은지 알아보라. 또한 소중한 물건이 그곳에 숨어 있지는 않은지도 알아보라. 예컨대, 당신이 영원히 간직하겠다고 다짐한, 아프리카에서 자원봉사하던 어느 여름날 사진들 같은 물건이 그곳에 묻혀 있지는 않은가?
- 당신이 까맣게 잊어버린 물건이 많은가? 그중 어느 것을 계속 간직하고 싶은가? 어느 것이 이제는 필요 없는가?
- 새 집으로 이사했다면 과거의 가장 좋은 시절과 당신을 이어주는 물건을 눈에 띄게 놓아두었는가? 좋았던 시절과 계속 연결되도록 하는

것은 균형을 잡는 데 중요하다.
- 한 집에서 오랫동안 살고 있는가? 그렇다면 그 공간에 당신의 현재 모습을 보여주는 새로운 물건이 놓여 있는가? 더욱 완전하고 새로운 당신이 존재할 공간을 마련하라.

무엇을 어떻게 개선할지 상상하라

가정경제는 많은 이에게 커다란 관심사다. 안타깝게도 우리는 자신이 시도하지 않는 수많은 것에 대한 핑계로 종종 돈을 댄다. 궁핍할 때도 우리는 규칙적으로 쓸고 닦아서 제 소유물을 깨끗하고 좋은 상태로 유지하고 자신이 지닌 것에 감사하는 마음을 표현할 수 있다. 우리는 자신을 믿고 세상을 믿어야 한다. 새 것을 살 수 없다는 이유로 낡고 깨진 물건을 버리는 것을 겁내서는 안 된다. 혼자 힘으로 충분히 살아갈 수 있다는 믿음을 갖는다면, 항상 눈을 크게 뜨고 기회를 찾는다면, 우리가 필요로 하는 모든 것이 생겨날 것이다. 공간을 마련하라. 그리고 당신의 인생이 개선되어 그 공간을 채울 거라고 믿어라. 지금은 개선할 수 있는 것들에 대해 그냥 생각해보고 일기장에 적어라. 나중 단계에서 그 내용을 다시 들춰보고 개선 작업에 착수할 것이다.

- 새로운 물건을 놓을 자리를 마련하는 것은 공간 낭비가 아니다. 당신이 소유하고 사랑하는 물건을 어떻게 이용하면 더욱 발전된 당신을 반영할 수 있을까? 수리하거나 개선할 수 있는 물건은 무엇인가? 덮개가 치렁치렁 늘어진 당신의 의자를 생각해보라. 덮개를 뜯어내

고 목제 다리를 붙이면 어떤 느낌이 들까? 긴 소파의 한쪽 팔걸이를 없애서 셰이즈 라운지(chaise lounge : 누워서 쉴 수 있는 긴 안락의자)로 바꾸면 어떨까?

- 세를 살고 있는 경우, 자기 집이 아니라서 개선하는 것이 망설여지는가? 무엇을 개선하고 싶은데 망설여지는가? 아이디어를 강구하라. 그리하여 당신이 할 수 있는 범위 내에서 물건을 추가하거나 개선해 꿈을 추구하라. 예컨대, 꿈꾸던 녹음실 대신 피아노를 놓거나 도자기 가마 대신 이젤을 두거나 넓은 정원 대신 화분을 들여놓을 수 있다.

- 집을 소유한 경우, 개선하려고 항상 마음먹고 있다가 마침내 실행할 준비가 된 것은 무엇인가? 자쿠지(Jacuzzi : 기포를 분출하는 욕조)를 설치하고 싶은가? 포치(porch : 출입구 위에 설치해 비바람을 막는 지붕으로 덮인 부분)에 유리벽을 둘러치고 가족실로 바꿀 생각인가? 카펫을 교체하고 마룻바닥을 새로 칠하고 창문 한 개를 메워서 벽으로 만들려고 하는가? 공간을 어떻게 개방하면 다른 사람들을 쉽게 초대할 수 있을까? 공간을 어떻게 개조하면 휴식하고 재충전할 곳을 만들 수 있을까?

- 그럴 돈이 없다고 해도 당신이 정말로 바꾸고 싶은 것은 무엇인가? 돈 때문에 줄곧 미루고 있는 변화는 무엇인가? 열망을 알아내라. 지금 당장 추구하기에는 너무 큰 열망이어도 괜찮다. 열망을 알아내는 것은 공간을 마련해서 나중에, 적절한 때에 그 열망을 추구하게 해준다. 먼저 저축을 계획하고 목표를 향해 노력하라. 그러면 당신이

열망하던 변화를 결국 행할 수 있다.
- 세상의 돈이 전부 당신 것이라 해도 절대로 버리지 않을 물건은 무엇인가? 잘 산다는 것은 새 물건을 사들이는 것과는 아무 상관이 없다. 당신이 이미 갖고 있는 물건에 감사하는 것이 중요하다. 당신이 정말로 좋아하는 물건과 사람들과 깊이 연결됨으로써 당신은 더욱 충만하고 행복하게 잘 살 수 있다.

열정을 추구할 공간을 마련하라

꿈을 키워라. 꿈은 당신이 항상 목표에 집중하고 행복하도록 도와준다. 다른 일이나 다른 사람이 당신의 관심과 돌봄을 요구하더라도 집중과 행복을 유지할 수 있다. 당신의 열정을 위한 공간을 마련하라. 그러면 그 열정이 계속 타오를 것이다.

- 당신은 집에서 취미에 열중할 수 있는가? 배우고 창조하고 감탄할 공간이 있는가?
- 즐거운 생활공간이라기보다는 잡동사니를 모아둔 벽장이나 창고에 가까운 방이 있는가?
- 당신의 집에는 즐겁게 노는 용도로 정해진 공간이 있는가?
- 다른 어른이나 아이들과 함께 살고 있는 경우, 당신이 즐길 수 있는 사적인 공간이 있는가?

각 공간을 평가하라

다음 질문들은 영혼의 공간을 창조하는 작업 중에 해결해야 할 실질적인 일부 문제를 숙고하도록 도와준다. 이 질문 목록을 당신의 필요에 맞게 수정하고, 각 질문을 진지하게 적극적으로 숙고하라. 한 예로, 거실을 평가할 때는 실제로 거실에 가서 소파에 앉으라. TV를 켜라. 가족도 참여시켜라. 긴 시간에 걸쳐 차근차근 평가해서 각 공간이 특별한 집안 행사에 어떻게 이용되는지 알아내도 좋다.

여기서 행한 공간별 평가 내용을 창조 단계에서 재검토할 것이다. 지금은, 당신의 집에서 행해지는 활동을 한 꺼풀 분석하라. 당신이 알아낸 것을 이용해 공간을 새로 꾸미고 당신의 라이프 스타일에 꼭 맞게 만드는 것은 나중 일이다.

거실

- 누가 거실을 사용하는가? 아이들이 거실에서 노는가? 아니면 어른들만 거실을 이용하는가?
- 당신은 TV를 보는가? 음악을 듣는가? 음향 장치는 적당한가?
- 당신은 그것을 취미로 즐기는가, 여가로 즐기는가?
- 거실에서 낮잠을 자는가?
- 거실에서 독서를 하는가? 조명은 알맞은가?
- 사람들을 자주 불러 모으는가? 얼마나 자주 부르는가? 사람이 많이 모이는가? 앉을 의자는 충분한가?

- 거실에서 하고 싶은 다른 활동이 있는가? 있다면 무엇인가? 그 활동을 하기 위해 당신이 바꾸거나 추가할 수 있는 것은 무엇인가?

식당

- 식당을 얼마나 자주 이용하는가? 매일 이용하는가? 일주일에 한 번? 한 달에 한 번? 특별한 경우에만 이용하는가?
- 식탁에는 보통 몇 명이 앉아 식사하는가?
- 매일 쓰기에는 식탁이 너무 큰가? 그 식탁은 특별한 행사와 명절도 충분히 치를 수 있을 정도로 큰가?
- 누군가가 식탁 주위를 돌아다닐 때 사람들이 의자를 당겨 앉을 필요가 없을 정도로 공간이 충분한가?
- 의자 높이가 가족 구성원 모두에게 편안하게 맞는가?
- 주방에서 식당으로 쉽게 이동할 수 있는가?
- 수납공간은 충분한가?
- 조명은 알맞은가?

주방

- 주로 무엇을 어떻게 요리하는가? 한 번에 몇 명이 요리를 하거나 도와주는가? 모든 사람이 서로 부딪치지 않고 편안하게 돌아다닐 수 있을 정도로 공간이 넓은가?
- 손님을 초대할 때만 주방을 이용하는가? 당신은 정식으로 식탁에 음식을 차리는가, 간단하게 뷔페식으로 차리는가?

- 통조림 식품과 포장 식품, 냉장 식품과 냉동식품은 충분히 비축되어 있는가? 그릇, 유리컵, 조리 도구는 충분한가? 행주와 냅킨은? 요리책은? 와인은 충분한가?
- 조리대의 높이가 적당한가? 긴 시간 동안 일을 해도 허리가 아프지 않은가?
- 받침대에 올라서지 않아도 찬장 선반에 손이 닿는가?
- 개수대 옆에 재료를 손질할 수 있는 공간이 있는가? 다양한 종류의 허브와 향신료, 오일 등이 스토브 옆에 있어서 편안하게 요리할 수 있는가?
- 스토브와 개수대 옆에 조명이 따로 있는가? 전체 조명은 환한가? 찬장 밑에 조명을 달면 재료를 손질할 때 도움이 될 것인가?

욕실

- 욕실을 규칙적으로 이용하는 사람이 몇 명인가?
- 바쁜 아침 시간에 한 명 이상의 사람이 이용해야 하는가?
- 조명은 밝은가?
- 거울 앞의 공간은 충분히 넓은가?
- 수도꼭지는 모두 제대로 작동하는가?
- 뜨거운 물은 잘 나오는가?
- 수납공간이 더 필요한가?
- 욕실 세간을 추가하고 싶은가? 여기에는 새로운 샤워기부터 자쿠지 욕조까지 모든 게 해당한다.

침실

- 침실은 당신이 편안하게 쉴 수 있는 사적 공간인가?
- 침실을 함께 쓰고 있다면 두 사람이 옷을 갈아입고 편안하게 움직일 공간이 충분한가?
- 사랑을 찾고 있다면 당신의 침실은 로맨틱한 분위기를 풍기는가? 침대에 다른 사람을 위한 공간을 반드시 마련하고, 옛 연인의 사진은 없애라.
- 침실에 쓰인 색깔이 마음에 드는가? 그 색깔은 편안하고 평화로운 느낌을 주는가?
- 잠자는 것 외에 침실에서 무엇을 하는가? 책을 읽는가, TV를 보는가, 전화 통화를 하는가, 일을 하는가?
- 침실에서 화장을 한다면 화장대 근처에 조명이 따로 있는가? 그 조명은 충분히 밝은가?
- 옷장과 수납공간은 옷을 보관하기에 넉넉한가?
- 손님방은 방문객을 위한 공간인가?

작업실

- 재택근무를 하는가, 아니면 작업실을 가끔씩만 이용하는가?
- 편안하고 적당한 의자가 놓여 있는가?
- 작업실은 작업만을 위한 공간인가, 아니면 손님방이나 가족실로도 쓰이는가?
- 클라이언트가 작업실로 찾아오는가? 그렇다면 작업실에 이르는 통

로는 깔끔하고 전문가다운 느낌을 풍기는가?
- 낮에 햇빛이 충분히 들어오는가? 책상 위와 작업 공간에 조명이 필요한가? 당신은 밤에 작업해서 더 밝은 빛이 필요한가?
- 선반과 수납공간은 충분한가? 조명을 위한 콘센트와 사무실 비품은 모두 충분한가?

전망

공간을 하나씩 숙고할 때 바깥 풍경을 항상 염두에 두어라. 당신이 보는 풍경이 당신의 감정에 영향을 미친다. 그 풍경을 이용함으로써 당신에게 필요한 것을 당신의 생활공간에 훨씬 더 많이 집어넣을 수 있다. 내 침실에는 그림처럼 아름다운 풍경이 펼쳐진 창문이 있는 벽에 침대가 놓여 있다. 나는 그 창문을 침대 헤드보드처럼 이용했다. 그리고 창밖에는 아름다운 야자수들과 함께 큰 불상을 놓았다. 신성한 느낌과 자연 세계까지 내 공간에 집어넣은 것이다.

내 의뢰인인 제니퍼의 아주 작은 거실에는 창문이 하나 있었다. 그 창문에서는 뒤뜰이 한눈에 내다보였다. 전망이 매우 아름다웠다. 하지만 그 거실의 좋은 점은 그것밖에 없었다. 거실에는 소파가 하나 있었고, 그게 전부였다. 거실에 들어서기만 해도 갇힌 느낌이 든다고 제니퍼가 말했다. 그래서 우리는 그 공간의 가장 큰 장점, 즉 전망을 이용했다. 우리는 커다란 거실 창을 두 짝으로 된 유리문으로 바꾸었다. 풍경을 들여놓음으로써 거실을 창 바깥 공간까지 연장한 것이다. 이렇게 기존 자원을 이용해서 흐름을 개선하자 제니퍼의 집은 훨씬 넓어 보였다.

평가 단계를 이용해 제니퍼가 좋아하는 것은 물론이고 싫어하는 것까지 알아냄으로써 우리는 문제를 해결했고 제니퍼는 집에서 더욱 편안해했다. 공간을 제각각 평가할 때는, 실내든 실외든, 당신의 마음이 끌리는 곳에 주목하라.

- 창밖으로 무엇이 보이는가?
- 바깥 풍경을 어떻게 바꾸면 내부 공간을 향상시킬 수 있을까?

평가 작업을 마친 후 편지 쓰기

당신이 정말로 좋아하고 평가 단계에서 당신에게 실제로 말을 건넨 물건을 하나 고르고 그 물건에게 편지를 쓴다. 그 물건에 대한 느낌, 그것을 그렇게 좋아하는 이유, 그것이 없으면 견딜 수 없는 이유를 쓴다.

앞으로 남은 단계들을 거쳐나갈 때 이 물건과 그것을 고른 이유를 기억한다. 당신이 가장 큰 애착을 갖고 있는 물건이 당신의 공간 전체에 대한 창조 작업의 출발점이 될 수 있다. 한 예로, 나는 구리와 크리스털로 만든 지팡이를 갖고 있다. 그 물건은 대단히 특이하고 아름답다. 그 빛깔과 질감과 모양은 미적 즐거움을 줄 뿐 아니라 깊은 수준에서 내게 말을 걸고 나의 가장 신성한 자아를 상기시킨다. 집을 개조할 때 나는 그 지팡이를 기억하고 또 기억했다. 그 물건은 내가 내 집에서 얻고 싶은 느낌을 알려주는 본보기였다.

평가 단계에서는 적극적으로 숙고하고 조사하고 스스로에게 정직해야 한다. 그래야만 다음 단계들을 끝까지 수행하는 데 필요한 정보와 도구를 얻을 수 있다. 비디오게임을 할 때처럼, 현재 단계를 성공적으로 마치지 못하면 다음 단계로 넘어가지 못한다. 두 번째 방출 단계에서는 평가 단계에서 이제는 쓸모가 없다고 판단한 소유물을 내보낼 것이다. 세 번째 청소 단계에서는 당신의 현재 모습과 당신이 되고자 하는 모습을 응원하는 물건을 깨끗이 윤나게 닦을 것이다. 평가 단계에서 당신이 자신에 대해 새롭게 알아낸 것들은 그에 이은 꿈, 발견, 창조, 향상, 축하 단계 모두에서 적극 활용된다.

**과거를 내려놓고
미래를 맞아들일 공간을 마련하라.**
자기 자신을 내려놓으면
자기 자신으로 존재하게 된다.

– 노자

방출하라

　내려놓는 것은 어렵다. 정말로 어렵다. 내려놓기 위해서는 엄청난 용기와 희망과 우리가 끌어 모을 수 있는 모든 긍정적 감정과 정신이 필요하다. 앞선 사례에서 마샤는 이혼한 지 10년이 지났어도 웨딩드레스를 내려놓지 못하고 있었다. 나와 마샤의 평가 작업이 거기서 그렇게 끝난 것처럼 보였을 것이다……. 아무 소득도 없이. 한 주가 지나고 두 주가 지났다. 나는 마샤에게 전화하고 싶었다. 하지만 하지 않았다. 그녀의 인생을 바꾸는 일은 그녀 자신의 결정에 달렸다는 것을 알고 있었기 때문이다.

　다섯 달 가까이 지난 어느 날, 드디어 마샤에게서 전화가 왔다. 수화기를 통해 그 이름을 들었을 때 나는 마샤가 누군지 기억이 깜깜했다. "미술 수업을 같이 들었어요." 그 말에도 도통 생각이 나지 않았다. "웨딩드레스를 못 버린 여자요." 그제야 마샤가 누군지 기억났다. 그녀는 같이 점심 식사를 하자고 청했고, 나는 수락했다. 마샤가 샐러드를 먹다 말고 울음을 터뜨릴 줄 누가 상상이나 했을까.

마샤는 웨딩드레스를 입어봤다고 했다. 그 드레스를 입자 결혼할 때 느꼈던 행복하고 희망찬 느낌, 아름다운 기억이 되살아나기는커녕 불안하고 동요하고 분노하고 절망했다. "지금도 몸에 완벽하게 맞아요." 마샤가 말했다. "하지만 그걸 입었을 때 나답다는 느낌이 전혀 없었어요. 눈물이 쏟아지더군요, 지퍼를 채우기도 전에요."

그 웨딩드레스는 마샤가 그 원초적 감정들을 해소할 준비가 될 때까지 그녀를 대신해서 그 감정을 품고 있었다. 그 드레스를 입어본 그날에야 마샤는 그 감정을 실제로 직시하고 고통을 내려놓을 준비를 마쳤다. 바로 그날까지 웨딩드레스는 거기 옷장에 그냥 걸린 채 마샤가 준비되기만을 기다리고 있었던 것이다. 어떤 일을 완전히 끝내지 못했을 경우, 우리의 영혼은 우리 발목을 붙잡고 놔주지 않는다. 우리는 그 일을 완전히 끝내고 그 일과 연관된 원초적 감정을 방출해야 한다. 그래야만 성장할 수 있다. 우리는 그 감정을 우리 대신 품고 있는 물건을 자기 인생과 공간에 무의식적으로 놓아둔다. 감정을 내보낼 준비가 되었을 때, 우리는 그 물건을 성장을 위한 도구로 이용해서 그 감정을 직시하고 해소할 수 있다.

성장하기 위해 마샤는 웨딩드레스를 지역 구세군에 기부했다. 다른 신부가 그 드레스를 입고 행복을 느낄 기회를 얻을 수 있도록 하기 위해서였다. 그리고 마샤는 고통스런 과거를 완전히 내려놓을 수 있었고, 그럼으로써 더 밝은 미래를 받아들일 수 있었다.

부정적 감정이 담긴 물건을 방출해 자유로워지라

마샤에게는 웨딩드레스를 없앤 행위가 하나의 정서적 경험이 되어서 그녀가 고통스런 감정을 내려놓게 도와주었다. 그녀는 자신이 그런 감정을 품고 있다는 것을 알지 못했어도 그 일이 가능했다. 마샤가 이혼을 결정하는 데 걸린 시간보다 웨딩드레스를 없애는 데 걸린 시간이 훨씬 길었다. 자신에게 더는 도움이 되지 않는 관계에 묶어둔 물건을 방출함으로써 마샤는 모든 관계가 결국엔 똑같이 끝날 거라는 두려움도 방출했다.

"이제 전보다 더욱 편안해요. 제 자신도, 제 인생도 훨씬 편안해졌어요." 마샤가 말했다.

"그 이유가 뭐라고 생각하세요?" 내가 물었다.

"지금은 옷장을 열어도 웨딩드레스가 보이지 않아요. 그 새하얀 드레스는 일이 잘못될 수 있다는 걸 떠올리게 하곤 했어요. 더는 세상을 그런 식으로 보고 싶지 않아요."

"그리고 또요?" 마샤가 헤어스타일을 바꾸었고 전에 내가 본 것보다 훨씬 밝은색 립스틱을 발랐다는 것을 알아채고 내가 물었다.

"그리고 또 저는 데이트하고 있어요. 이제 막 시작했죠. 겨우 두 주 됐어요. 이런 일이 일어날 줄 몰랐어요……. 지금 저는 무척 행복해요."

이번에는 내가 샐러드를 먹다 말고 울음을 터뜨릴 뻔했다. 마샤가 얼마나 오랫동안 얼마나 안간힘을 썼을까를 생각하자 마음이 아팠다. 내려놓는 것은 어렵다. 이것을 꼭 기억하라. 그리고 내려놓는 것은 항상 그만한 가치가 있다. 고통의 이면에는 자유가 있다.

매일 그리고 매주, 나를 찾아오는 물건에 나는 번번이 놀라고 감동한다. 그 물건들은 내가 내 길에서 벗어날 때 찾아온다. 우주는 우리에게 아주 많은 것을 주고 싶어 한다. 우주는 한없는 기쁨으로 충만하고 더없이 풍요롭다. 하지만 오래되고 익숙한 것에 집착하는 우리는 눈을 감아 가능성을 보지 못하고 귀를 막아 희망의 속삭임을 듣지 못한다. 우리가 집 안에 있는 장애물을 찾아내고 없애서 길을 터주면 깊이 묻혀 있던 감정들이 표출될 길도 트인다. 우리가 수문을 열어 고통을 방출할 때 우리의 꿈과 희망도 그 사이로 흘러나오기 시작한다.

고통스런 기억을 간직한 소유물을 방출하라. 방출 행위는 당신 자신이 통제권을 쥐고 있으며 환경과 운명을 스스로 만들어간다는 점을 상기시킨다. 내려놓는 행위는 물리적으로도 추상적으로도 당신을 자유롭게 하며 새로운 당신과 빛나는 미래를 위한 공간을 만들어준다.

미래를 위한 공간을 마련하라

미셸이 내게 연락한 이유는 딸과 함께 살고 있는 작은 시골집을 바꿀 방법을 찾기 위해서였다. 당시에 미셸은 여러 변화를 겪고 있었다. 그중에서 그녀가 원한 것은 단 하나도 없었다. 남편은 떠났고, 싱글맘이 된 미셸을 걱정해주는 사람은 하나도 없었다. 언제까지나 작고 착한 아기로 있어주길 원했던 딸은 벌써 십대가 되어서 제 나름의 인생과 일정에 매여 있었다. 그녀는 과거에, 마냥 행복하고 딸이 갓난아기였던 시절에 묶여 있었다. 이제 상황은 변했고, 미셸은 그 변한 상황을 따라잡아야 했다. 그것도 빠른 속도로.

때때로 우리는 인생을 바꾸려고 의식적으로 결심한다. 하지만 인생은 우리가 미처 준비할 새도 없이 바뀔 때가 훨씬 많다. 우리는 하루아침에 해고된다. 사랑하는 사람이 갑자기 세상을 떠난다. 인간관계가 끝나거나 변질된다. 늘 어린아이일 것만 같던 자녀가 부쩍 자란다. 그리고 우리는 과거에 매달린다. 세찬 변화의 바람에 휘둘리지 않았던 '정상적인' 지난 시절에 집착한다. 우리는 지금 서 있는 곳에서 실제로 살아야 하며 세상을 명확하게 바라봐야 한다. 그래야만 매 순간 속에 내재된 온갖 기회를 최대한 이용할 수 있다. 변화는 생의 정상적인 부분이다. 모든 것은 변한다.

변화를 편안하게 대할수록 사는 게 수월해진다. 변화를 기꺼이 포용하라. 그러면 당신은 인생을 진정으로 포용하게 된다. 변화의 여지를 만드는 것은 당신의 눈을 뜨이게 한다. 당신 주변에 항상 존재하는 아름다움과 사랑이 보이기 시작한다.

이것이 미셸에게는 크나큰 난제였다. 그걸 나는 작업을 시작하자마자 알아차렸다. 나를 만났을 때 미셸과 그녀의 딸 사라는 오래된 것과 새로운 것 사이에 갇혀서 제자리걸음만 하고 있었다. 그들 모녀는 수많은 문제를 지닌 시골집에서 살았다. 흔한 일이지만, 그 집에는 표면 아래에 훨씬 많은 문제가 존재했다. 뒤뜰로 이어지는 통로로 한 걸음 내딛자마자 나는 그것을 즉시 깨달았다. 대문에 붙어 있는 번지수는 한 자리가 떨어져 나갔고, 우체통은 부서지고 가려져서 도로에서 보이지도 않았다.

안전 문제도 심각했으나 그건 별개로 치고, 나는 그 번지수와 우체통에 주목했다. 우주와 세상 사람들이 우리를 찾아내기 위해 주로 이용하는 것이 바로 우리의 주소와 우체통이다. 우리가 어디에 살고 있는지 아무도 모른다면 우주가 우리의 소망을 어떻게 들어줄 수 있겠는가?

초대받은 친구들은 미셸의 집을 어떻게 찾아오겠는가? 옆집 주소를 보고 찾아올까? 응급 상황에 구급차는 어디로 달려오겠는가? 뜻밖의 행운은 어떻게 찾아올까? 주소가 모호해서 집배원도 찾기 힘든 집에 살고 있는 사람에게 우주가 뭔가를 해주기는 실로 난제일 것이다.

그렇게 엉망진창만 아니라면 집 바깥 공간은 대단히 아름다울 수도 있었다. 울타리는 허물어지고 있었다. 이것은 이 집에 경계선 문제가 있음을 알려주는 단서였다. 그리고 미셸이 시크릿 가든이라고 부르는 정원은 지저분하고 잡초가 무성했다. 데이지 한 송이도, 라일락 한 그루도 보이지 않았다.

집 안을 둘러보면서 나는 미셸이 성물을 엄청나게 많이 수집했다는 것을 알았다. 거기에는 달라이 라마에게서 받았다는 스카프도 있었다. 그 성물 모두 여기저기에 되는대로 놓여 있었다. 미셸이 전혀 관심을 두지 않는 잡동사니처럼 보였다. 주변에 널린 물건에 대해 내가 하나하나 물어보자 그녀는 마치 처음 보는 듯 자신의 거처를 새롭게 보았다.

그 시골집을 이렇게 실제로 보면서 미셸은 번지수가 하나 떨어져 나간 걸 알아채고 깜짝 놀랐다. 날마다 그 앞을 지나갔고 비교적 쉽게 고칠 수 있는 것이었는데도 여태껏 그걸 몰랐던 것이다. 현관문을 향해 걸어가면서 우리는 시골집 본채와 별채를 분리하는 울타리가 실제로 허물어졌다는 사실에 대해 이야기했다. 미셸은 자기 집에서 무의식적으로 살고 있는 것 같았다. 자신이 무엇을 모르고 있는지도 모르는 듯했다. 자기 공간이 그 모양 그 꼴로 방치되고 있는 것에 대해 미셸은 아무런 책임감도 느끼지 않았다. 하지만 대화를 통해 그녀는 점차 의식적으로 알아차리고 새로운 시각을 갖게 되었다. 이렇듯 시각이 바뀌어 대상을 있는 그대로 보게 되자 미셸은 방치를 알려주는 수많은 물리적 단서를 자신의 고통스런 감정과 연결하기 시작했다. 숫자 하나가 사라진 번지수, 허물어진 울타리, 어수선한 공간을 보며 자신이 품고 있는 정서적 고통을 깨달은 것이다. 거처를 그렇게 엉망으로 방치한 것으로 보아서 미셸은 다른 곳, 아마도 전혀 딴판인 곳을 원하고 있는 게 분명했다. 하지만 그녀가 살고 있는 곳은 바로 여기였고, 그녀의 인생은 그녀를 여기로 데려왔다. 이제 미셸은 그 사실을 직시하고 자신과 딸을 돌봐야 했다. 인정과 수용이 진정한 변화의 열쇠다.

 미셸과 그녀의 공간에 대해 차차 알아가면서 나는 좋은 엄마가 되고 딸을 애지중지 돌보는 것이 미셸에게 얼마나 중요한지 분명히 알게 되었다. 그녀 자신은 그러한 보살핌 속에서 자라지 못했다. 미셸은 사라가 성취한 수많은 것을 대단히 자랑스럽게 이야기했고 상장과 상패를 보여주며 행복해했다. 하지만 전문직 종사자로서 자신이 거둔 성공을 다른 사람들에게 보여주는 것은 하찮게 여겼다.

 거실 벽은 만화 액자와 영화 기념품, 미셸과 사라의 캐리커처로 장식되어 있었다. 벽난로 위에는 아기, 어린아이, 십대의 사라 사진이 줄줄이 놓여 있었다. 미셸의 사진은 십대 시절에 찍은 사진들 밖에 없었다. 사실 그 시골집은 두 십대 소녀의 공간처럼 보였다. 미셸은 자기 자신을 전문직에 종사하는 유능한 어른이 아니라 여전히 정체성을 찾으려고 애쓰는 십대 아이로 그 공간에 표현했다.

이 점을 나는 잘 기억해두었다. 우리는 침실로 자리를 옮겼다. 침실은 물론 매우 사적인 공간이다. 아주 가까운 가족이나 친구들만 들어오기 때문에 침실의 외양에 별로 신경 쓰지 않는 이가 많다. 따라서 침실은 그 주인에 대해 현관이나 거실보다 훨씬 많은 것을 알려준다.

사라의 침실은 여느 십대 소녀의 침실과 크게 다르지 않았다. 수많은 옷과 포스터와 자잘한 장식품이 가득했다. 하지만 그곳은 비교적 깔끔했다. 그 시골집에서 가장 깨끗하고 가장 잘 정돈된 방이었다. 내가 감탄하는 것을 보고 미셸이 솔직히 털어놓았다. 사라는 그 방에서 잠을 자지 않으며 잠은 미셸의 방에서 자고 그 방은 옷 방과 공부방으로만 쓴다는 것이다.

그 말을 듣는 순간, 바깥의 허물어진 울타리가 생각났다. 경계가 무시되고 있음을 분명히 보여주는 예가 여기에 또 하나 있었다. 십대 아이가 어째서 엄마와 함께 잠을 자는 걸까? 미셸의 침실을 보고 나는 그 이유가 훨씬 더 궁금해졌다. 그 방은 한 편의 공포 영화였다.

옷가지가 천지사방에 널려 있었다. 침대 위에는 줄에 매단 마녀 인형이 걸려 있었다. 허공에서 흔들거리는 마녀 마리오네트는 그 지저분한 방에 매우 으스스한 분위기를 더했다. 게다가 소름 끼치게 생긴 인형이 서랍장 위에 놓여 있었다. 미셸은 그 인형의 머리칼이 "진짜 사람 머리카락"이라고 했다.

미셸은 찾아오는 남자가 별로 없다는 말을 농담처럼 했지만 그게 걱정거리인 것이 분명했다. 침실을 딸과 함께 쓴다는 것 외에도 그 집에 들어서길 꺼리게 만드는 장애물이 한둘이 아니었다. 친밀한 관계를 가로막는 그 장애물 모두 미셸이 자초한 것이 확실했다.

우선 문제는 다 컸는데도 아직 엄마에게서 떨어지지 못하는 딸이었다. 사라는 총명하고 성취 수준이 높았다. 그 아이는 이제 자기 방에서 혼자 지낼 필요가 있었다. 머지않은 미래에 자기 아파트에서 혼자 살아야 할 때를 대비해서라도 그래야 했다. 어른이 되는 법을 아직도 알아내지 못해 괴로워하는 엄마도 문제였다. 허물어진 울타리에서 음울한 기숙사 같은 집 안 분위기까지 이 가족에게는 변화가 필요했다.

미셸과 사라는 그 시골집을 바꿔야 했다. 그래야만 두 모녀가 가족으로서 공유한 길을 함께, 그리고 여성으로서 각자의 길을 홀로 나아갈 수 있었다. 미셸은 이제 어린아이처럼 행동하지 말고 독립적인 성인으로서 제 자신을 찾아야 했다. 사라는 자기 방에서 잠을 자는 것이 무엇보다 중요했다.

이 문제를 의논하기 위해 우리는 부엌으로 들어갔다. 거기에는 나무로 만든 알파벳 B-O-Y-S 네 글자가 벽에 걸려 있었다. 미셸과 사라에게 저게 누구 것이냐고 묻자 미셸이 자기 거라고 대답했다. 그리고 덧붙였다. "어쨌든 누구나 소년을 사랑하잖아요?" 그러면서 내게 윙크를 했다. 화들짝 놀란 나는 소년은 사랑하지 않는다고, 다 큰 남자를 사랑한다고 조용히 알려주었다.

　미셸은 자신의 스타일을 바꾸는 것을 몹시 주저했다. 자신이 걸친 십대의 옷차림과 장신구가 창의성과 육감의 원천이라고 믿었다. 많은 숙고 끝에 미셸은 내면의 십대 아이에 대한 집착을 내려놓고 엄마라는 자기 역할을 제대로 반영하지 못하는 물건들을 없애기 시작했다. 나무 알파벳도 그중 하나였다. 그건 쓰레기통으로 직행했다. 미셸은 침대 위에 걸려 흔들리던 마녀 인형도 방출했다. 그것은 미셸이 집에 데려온 남자들을 하나같이 공포에 떨게 한 물건이었다. 서랍장 위에 놓였던 사람 머리칼 인형도 방출되었다. 이 모든 물건이 남자들과의 친밀한 관계를 방해하고 있었다. 사라는 지금 아가씨가 되어가는 중이었다. 따라서 그들 모녀는 사라가 어릴 때 그린 그림도 모두 치우고 어린아이로 돌아가는 길을 막아야 했다. 사라는 자기 방에서 잠을 자기 시작했다.

　방출 단계에서는 우리가 방출하려는 물건을 이해하는 것이 중요하다. 미셸은 자신이 집착하고 있는 물건에 엮인 감정을 알아내야 했다. 우리가 특정 물건에 집착해온 이유를 간파하지 못하면 그 감정들은 여전히 해소되지 않은 채 남아 있다. 그리고 곧이어 우리는 그 해결되지 않은 문제와 감정을 품은 물건을 더 많이 축적한다.

　꿈 단계, 발견 단계, 창조 단계에서 미셸 모녀와 나는 식사와 독서를 위한 공동 공간과 수면 공간이 구분된 집을 만드는 데 초점을 맞추었다. 마침내 미셸은 사라와 전적으로 관련된 물건들을 거실에서 방출하고 그 공간을 재창조했다. 우리는 여기저기 흩어져 있던 성물을 한데 모았다. 인도산(産) 목걸이, 티베트 여행 중에 가져온 돌멩이들, 달라이라마의 축복을 받은 스카프 등. 목걸이는 벽에 걸고 그 밑에 불상을 놓고 스카프를 불상에 둘렀다. 티베트 돌멩이들을 불상 주위에 가지런히 놓고, 그 근처에 미셸이 크게 감명을 받은 불교 스승의 아름다운 사진을 걸었다. 구석구석에 처박혀 있던 물건들을 꺼내서 함께 모아두자 우리는 그것이 지닌 성스런 기운을 감지할 수 있었다. 이제 거실을 가로지를 때 미셸은 자신의 신성한 자아를 기억한다. 내면에 있는 참된 자아, 제 인생을 통제하지 못하는 어린애가 아니라 확고한 가치관과 신념을 지닌 성숙한 어른을 기억한다. 이 일이 하루에도 수차례 무의식적으로 반복된다. 방출 단계는 미셸에게 절대적으로 필요했다. 그녀는 유치한 장난감과 부정적 감정을 내려놓고 자신의 원숙한 지성과 지혜와 경험에 말을 거는 물건들을 되찾아야 했다.

당신이 사랑하는 것은 무엇이든지 끄집어내라. 그게 요리든, 그림이든, 음악이든 표출하고 전시하라. 속마음을 낱낱이 드러내라. 요리하기를 좋아한다면 오래된 요리 책과 진기한 프랑스 조리 도구와 최근에 싹이 튼 바질 화분을 전시하라 열심히 우표를 수집한 사람은 다양한 우표를, 우쿨렐레 연주자는 그 악기를, 운동에 열정적인 이들은 경기에서 받은 트로피를, 참전 용사는 무공훈장을 전시하라. 당신은 학벌이 자랑스러운가? 그러면 학위증을 걸어두어라. 당신이 경영하는 사업체가 지역신문에 실렸는가? 그 기사를 액자에 넣어서 걸어라. 갓 입문한 불교도인가? 미셸처럼, 불단(佛壇)을 만들어라. 당신의 열정을 상징하는 물건으로 주변을 꾸미면 당신의 내적 자아가 당신의 외적 세계가 된다. 그러면 그 외적 세계가 이제 당신의 내적 자아를 성장시킨다.

넘치는 것은 모자란 것만 못하다

당신이 타고 있는 배가 가라앉고 있다면 제일 먼저 무엇을 하겠는가? 아마도 불필요한 물건을 바다로 내던질 것이다. 얼마나 많은 이가 '침몰하는 배' 속에서 살아가고 있는지 가히 놀라울 정도다. 우리는 지나치게 많은 에너지를 요구하고 충분히 보상해주지 않는 인생에 매여 살아간다. 그리고 불필요한 물건을 내던지기는커녕 더 많이 소유하는 것이 해결책이라고 생각한다. 어질러진 잡동사니는 우리를 짜증나게 한다. 그 이유는 잡동사니 속에서 필요한 물건을 찾을 수 없기 때문이 아니다. 우리가 수집한 각종 플라스틱, 나뭇조각, 쇠붙이 하나하나가 우리를 특정 물건, 특정 사람, 특정 장소에 묶어두는 닻이기 때문이다.

당신의 이웃은 자동차 두 대가 들어가는 차고를 갖고 있는가? 그들 중 25퍼센트가 적어도 한 대는 차고 밖에 세워둔다. 미국 에너지국에 따르면, 그들의 차고에 물건이 너무 많아서 차 두 대를 세울 공간이 부족하기 때문이란다. 다른 통계도 많다. 잡동사니를 없앤다면 일반 가정에서 집안일의 40퍼센트가 줄어든다고 한다. 미국의 열한 가구 중 한 가구는 잡동사니를 보관할 공간을 빌리느라 1년에 1,000달러를 낭비한다. 그 모든 잡동사니는 우리의 소중한 시간과 돈을 낭비하게 한다. 쌓이고 쌓인 불필요한 정서적 집착은 말할 것도 없다.

그렇다면 우리는 어째서 내려놓을 수 없는 걸까?

우리를 정말로 행복하게 하는 소중한 물건을 몇 개만 소유하는 것이 쓸모없는 물건을 몇천 개 갖고 살아가는 것의 폐해와 씨름하는 것보다 훨씬 낫지 않을까? 풍요에 대한 그릇된 생각은 우리가 타고 있는 배를 지탱시키지 못한다. 그것은 우리를 깊이 침몰시킨다.

브라운 씨 가족

그 잡동사니 문제가 얼마나 극단적일 수 있는지 내가 실제로 깨달은 것은 브라운 씨 가족을 만나고 나서였다. 회사 직원을 통해 나는 그들을 알게 되었다. 그들의 사연은 슬프고 안타깝다. 잡동사니 때문에 그들은 무수한 기회를 번번이 놓쳤고 소망을 충족시키지 못했다. 리처드 브라운과 이블린 브라운은 결혼한 지 40년이 되어가는 마당에 이혼을 고려하고 있었다. 함께 사는 내내 '제대로 살기'가 불가능했고, 결국 그들은 정부 임대 주택에서 푸드 스탬프(food stamp: 빈곤층에게 제공하는 식료품 할인 쿠폰)에 의지해 근근이 살아가는 처지가 되었다. 그들 부부는 둘 다 우울했고 병적 비만과 중증 질환에 시달렸다. 손수 짓고 꾸민 집에서 은퇴를 즐겨야 할 황혼기에 그들은 식비와 약값을 충당할 수 있을지 항상 걱정했다.

리처드와 이블린을 만나기 전에 나는 먼저 그들의 딸 테레사와 대화를 나누었다. 테레사는 총명하고 사려 깊고 매력적인 여성이었다. 하지만 부모와 마찬가지로 테레사 역시 경제적으로는 그다지 '성공'하지 못했다. 사실, 안정적인 형편도 아니었다. 커피를 마시면서 테레사는 자기 가족에 대해, 자랄 때 겪은 고통스런 일들에 대해 자세히 이야기했다. 나는 그녀가 경제적 궁핍 때문에 놓친 기회에 관해 언급할 거라고 생각했다. 하지만 드러난 사실은 충격적이었다. 엄마 이블린은 전형적인 호더(hoarder: 저장 강박증을 지닌 사람)였다고 했다. 어렸을 때 테레사는 친구들을 집에 데려오는 것을 피했다. 산더미처럼 쌓인 잡동사니와 쓰레기를 치우고 친구들이 지나갈 통로를 만들어야 할 일이 까마득했기 때문이다.

"엄마는 모든 걸 모았어요." 절망감이 깊이 밴 목소리로 테레사가 말했다. "남은 음식, 신문, 광고 우편물, 부서진 가구. 우리 집에 한번 들어온 물건은 절대 나가는 법이 없었죠."

테레사는 엄마와 아빠를 향한 엄청난 분노를 여전히 품고 있었다. 얼마 후 나는 테레사가 부모와 대화하는 것을 지켜볼 기회가 있었다. 그들에게 내뱉는 한마디 한마디에 부모의 모습과 그들이 부모로서 한 행동에 대한 비난과 경멸이 깔려 있었다. 그들 가족은 과거에 매여서 몹시 괴로워했고 밝은 미래로 나아가지 못했다.

테레사와 나는 그들 가족이 적지 않은 금액에 빌려 쓰고 있는 창고를 둘러보기로 했다. 이블린이 호더라는 것을 들어 알고 있었음에도 내가 목격한 것은 상상을 훨씬 초월하는 끔찍한 것이었다. 20년 된 통조림들, 1천 개는 족히 넘을 플라스틱 케첩 병, 잡지와 배달 식품 전단지, 고양이 사료 깡통 등. 테레사는 모든 걸 버릴 준비가 되어 있었다. 고통스런 어린 시절과 언짢은 기억을 전부 버리고자 했다. 누가 봐도 쓰레기인 물건과 건강에 해로운 물건을 몽땅 버리고 나서 우리는 리처드와 이블린이 살아온 인생을 한 겹씩 걷어내기 시작했다. 이블린은 한때 아름답고 날씬한 배우였고, 리처드는 영국 해군 중령 출신이었다. 몇십 년에 걸친 후회와 자기혐오로 지금은 돌처럼 무감각해진 이 노부부는 실제로 대단히 돋보이는 삶을 살았다. 테레사가 그것을 인정하고 수용하는 것을 보고 나는 오늘은 그 정도만 하고 다음 날 다시 만나자고 했다.

테레사의 부모가 이 과정에 참여해야 한다는 것을 나는 직관으로 알았다. 따라서 그들에게 연락을 해서 다음 날 그들을 창고로 데려갔다. 자기 부모가 나와 함께 나타나자 테레사는 소스라치게 놀랐다. 그녀는 처음에는 불신하고 불안해했다. 하지만 그 후 몇 시간은 그야말로 마법 같았다. 물건과 관련하여 공유한 기억을 되살려내면서 그들 가족은 생기를 되찾았다. 채널이 네 개밖에 없는 오래된 TV, 주말에 리처드가 연주할 때마다 그들의 아파트를 아름다운 선율로 가득 채운 오르간 등. 우리는 리처드가 영국 여왕에게 받은 상패를 찾아냈다. 이블린이 배우 시절 초기에 받은, 앞날이 기대되는 할리우드 스타에게 주는 상도 찾았다. 테레사는 부모의 다른 면을 보기 시작했다. 이제 그들을 성공하고 희망에 찬 사람들로 보게 된 것이다. 나는 분위기가 바뀌는 것을 감지할 수 있었다. 테레사는 창고에 쌓인 물건을 전부 내버릴 작정이었다. 하지만 이제는 그것을 그들 가족의 추억이 간직된 물건으로 바라보았다.

우리는 창고 네 곳을 깨끗이 치우고 모든 물건을 한 곳에 모았다. 창고에 처박아두었던 물건들을 새롭게 이해하면서 이블린과 리처드는 그들이 과거에 공유했던 기쁨을 재발견했다. 그리고 그 물건 중 많은 것을 자선단체에 기쁘게 기부했다. 그래서 그 물건들은 새로운 집으로 들어가 재사용될 수 있었다. 이러한 방출 작업은 긍정적 기억을 음지에서

양지로 끄집어낸다. 그 좋은 기억들은 오랜 세월 동안 축적된 정서적 상처에 의해서도 손상되지 않는다. 그리고 다음 청소 단계에서 테레사는 몇 가지 기념품을 골라 반짝반짝하게 닦은 후 자기 집의 돋보이는 자리에 놓아두었다. 이것은 부모의 전성기를 예우하는 한 방법이었다.

방출 단계는 브라운 씨 가족의 애정과 유대를 새롭게 되살렸다. 사랑은 항상 거기에 있었다. 꼭 간직해야 할 정말로 귀중한 물건을 알아보지 못하게 방해하는 산더미 같은 잡동사니 속에 묻혀 있었을 뿐이다.

변화를 맞을 때마다 새롭게 평가하고 방출하라

대체로 우리는 아무런 도움이 되지 않는 과거에 집착한다. 브라운 씨 부부처럼 그렇게 극단적이지 않을 뿐이다. 하지만 우리는 어제 살았던 방법을 기준으로 오늘 살아갈 방법을 찾는 경우가 빈번하다. 의도와 성찰을 토대로 완전히 새로운 방법을 강구해야 마땅할 때도 우리는 과거의 방법에 의지한다.

리아는 다른 의뢰인의 소개로 나를 찾아왔다. 남편 마이클과 고통스럽게 헤어진 후, 리아는 딸 엘라와 함께 새 아파트로 이사할 예정이었다. 첫 번째 상담에서 그녀는 갈등을 드러냈다. 마이클이 몰래 바람을 피우고 일을 핑계로 항상 자신을 밀어낸 것에 견딜 수 없이 화가 난다고 했다. 남편이 가족보다 일을 우선시했다며 분개했다. 하지만 리아는 그가 형편없는 남편이긴 했어도 엘라에게는 좋은 아빠였다는 것을 깨달았다. 그들이 함께 살았던 오래된 집을 정리할 때가 되자 본능적으로 리아는 마이클의 흔적을 지닌 물건을 전부 쓰레기통에 버리고 그에 대한 기억을 완전히 지우려고 했다. 하지만 리아에게는 엘라가 아빠와 좋은 관계를 갖는 것도 중요했다. 엘라는 엄마와 아빠가 이제는 함께 살지 않는다는 사실로 손상되지 않은 건강한 관계를 가질 필요가 있었다. 리아는 그 두 가지 의도를 실행할 방법을 알지 못했다.

이혼이나 이직, 새로운 관계 등, 어떤 이유로든 인생에서 대단히 중요한 변화를 맞을 때가 있다. 그럴 때는 당신이 살고 있는 공간을 재평가하고 물건을 버리고 옮기는 것이 중요하다. 리아에게 아이가 없었다면 나는 본능에 따라 행동하라고 권했을 것이다. 하지만 리아의 경우에는 방출 단계가 다른 방향으로 진행되어야 했다. 어쨌든, 전남편을 떠올리게 하는 물건을 전부 없애는 것이 리아에게는 불가능에 가까울 터였다. 엘라는 아빠를 그대로 빼닮았다. 크고 푸른 눈에 검은 곱슬머리. 엘라는 리아가 버리려는 사진들 속에서 내가 본 남자의 판박이였다.

함께 대화하면서 나는 리아가 '보관' 구역에 놓아둔 물건들을 계속 눈여겨보았다. 투명 상자에 담긴 장난감 한 무더기와 봉제 동물 인형들이 눈에 띄었다.

"저건 엘라의 물건이에요?" 내가 물었다.

"아니요, 제 거예요. 어릴 때 아빠가 주신 거예요." 리아가 대답했다.

나는 그림처럼 완벽하게 아름다운 어린 시절을 상상했다. 리아는 내 상상을 재빨리 바로잡아주었다. 세 살 때부터 아빠 혼자 사는 집에서 자랐다고 했다. 어린 시절에 관한 수많은 기억 속에서 아빠는 늘 부재

중이었다. 명절에, 학예회에, 연주회에, 그 밖의 중요한 행사에 아빠는 오겠다고 약속했지만 그날이 되면 보이지 않았다. 항상 핑계가 있었고, "다음에는 꼭 갈게"라는 약속과 함께 사과의 표시로 물건이 뒤따랐다.

"저 장난감들마다 전부 사과하는 것처럼 보이는군요." 내가 말했다.

"그래요, 하지만 이건 그렇지 않아요." 보석 상자에 걸려 있는 목걸이를 가리키며 리아가 말했다. 체인이 섬세하고 예쁜 카메오가 달린 목걸이였다. "할머니의 목걸이였어요. 엘라가 태어났을 때 아빠가 주셨어요."

어른이 된 리아는 아빠 같은 남자와는 절대로 결혼하지 않겠다고 다짐했다. 그리고 마이클을 만났다. 그는 리아가 꿈꾸던 이상형에 완벽하게 들어맞는 것 같았다. 마이클은 집을 소유했고, 10년 동안 한 직장에 근무했다. 그는 안정적인 인생의 표본처럼 보였다. 마이클과 리아는 만난 지 얼마 되지 않아 결혼을 했다. 리아는 가정에 안주하는 동시에 잡지 필자로서 일에 열중했다.

하지만 몇 년이 지나자 갈등이 생겼다. 다국적 기업의 이사라는 직업상, 새로운 시장을 개척하라는 임무가 떨어질 때마다 마이클은 다른 도시로 전근을 갔다. 그 일은 꽤 정기적으로 반복되었다. 끝없는 이사에 리아는 지치기 시작했다. 그녀는 2년마다 낯선 도시에서 친구를 새로 사귀어야 했다. 그리고 결혼 생활에 균열이 생겼다.

엘라가 태어난 후, 그들은 로스앤젤레스로 이사했다. 거기서는 모든 게 예전보다는 안정된 듯했다……. 마이클이 외도하고 있다는 걸 알아채기 전까지는. 회사의 지시에 마이클이 또 전근을 가야 했을 때 리아는 이제 할 만큼 했다고 생각했다. 남편이 몰래 바람을 피웠기 때문에 그녀는 낯선 도시에서 그를 믿고 살아갈 자신이 없었다. 한곳에서 오래 거주하기를 원했다. 마이클은 거절했다. 그는 전근을 원했다. 10년의 결혼 생활 끝에 리아와 마이클은 결국 이혼했다. 마이클은 이사를 했고, 로스앤젤레스 집을 매매하는 일을 리아에게 맡겼다. 엘라가 학기 중에는 엄마와 함께 살고 방학에는 아빠와 지내는 것에 그들은 합의했다.

나는 리아가 마이클을 향한 부정적 감정을 처리하기 전에 먼저 해야할 일이 있다는 것을 깨달았다. 리아는 아빠에 대한 감정부터 직시할 필요가 있었다. 아빠는 돌아가셨으므로 리아가 그와 직접 소통할 방법은 없었다. 그녀가 할 수 있는 일은 아빠에 대한 기억 중에서 소중하게 간직할 기억을 골라내는 것이었다. 나의 권유에 따라 리아는 봉제 동물 인형을 방출하기로 결심했다. 그 물건들은 혼자 버려졌다고 느낀 어린 시절을 상징하기 때문이었다. 그리고 목걸이는 간직하기로 했다. 이 물건은 리아를 할머니와 묶어주었고 아빠에게서 사려 깊은 선물을 받은 아름다운 기억이었다. 그 목걸이는 사과의 표시가 아니라 애정과 축하의 상징이었다.

장난감 상자를 '방출' 구역으로 옮겨놓자 리아는 울기 시작했다. 그 슬픔은 하루 정도면 충분히 해소된다는 것을 나는 알았다. 리아를 꼭 안아준 후에 나는 그녀가 제 감정을 이해하고 이사를 처리하도록 맡겨 두고 집을 나섰다.

두세 주가 지나서 나는 리아의 새 아파트를 찾아갔다. 계획을 세우고 공간을 꾸미는 일을 돕기 위해서였다. 리아는 매우 평화로운 얼굴로 나를 맞았다. 섬세한 카메오 목걸이가 그녀의 목에 걸려 있었다. 우리는 가구가 드문드문 놓인 거실을 둘러보며 엘라를 위해 이 집을 행복한 공간으로 만드는 데 필요한 물건을 하나하나 적어나갔다. 엘라와 마이클의 사진이 예쁜 액자에 담겨 아파트 곳곳에 놓여 있는 것을 보고 나는 무척 기뻤다. 잘생긴 청년의 손을 잡고 있는 아주 어린 여자아이의 모습이 담긴 흑백사진도 하나 있었다.

"저분은 누구예요?" 이미 알고 있었음에도 나는 물었다.

"아빠와 저예요." 웃는 얼굴로 그렇게 말하면서 리아는 자기도 모르게 카메오 목걸이를 만지작거렸다.

하찮은 물건에 중대한 의미가 담겨 있을 수 있다

나는 영혼의 공간을 창조하겠다는 마음을 적극적으로 키워왔으며 내 공간을 끊임없이 평가하고 방출하고 청소한다. 하지만 그런 나도 집착에 갇힐 때가 있다. 나는 자유를 상징한다고 생각되는 물건에 때때로 집착한다. 하지만 알고 보면 그 물건은 나를 과거에 묶어두는 족쇄를 상징한다.

오래전부터 나는 제이슨과 행복하고 만족스런 관계를 맺고 있다. 그는 내가 일상에 산재한 기쁨을 보도록 도와주는 훌륭하고 재능 있는 남자다. 제이슨을 만나는 행운을 얻기 전에 나는 결코 충족감을 주지 못하는 관계에 갇혀 있었다. 그 관계는 나를 실제로 고통스럽게 했다. 온통 멍든 무거운 마음을 안고 나는 그 관계를 끝냈다. 그리고 내가 앞으로 나아갔다고 생각했다. 새로운 누군가와 아직 연결되지 못했다는 것을 제외하고는 앞으로 나아갔다. 나는 데이트를 했고, 사람들을 만났다……. 그게 끝이었다. 불꽃이 일지 않았다. 연결된다는 느낌이 없었다. 처음 만났어도 그를 알고 있다는 느낌, 마치 천년 동안 그를 알아온 듯이 진정으로 알고 있다는 느낌이 없었다.

나는 내가 살고 있는 방식을 재평가하고 내 공간의 어느 곳에 어떤 단서가 숨어 있는지 알아내야 했다. 나는 평가했다. 하지만 문제가 무엇인지 알아내지 못했다. 나는 집 안 곳곳을 훑어보며 어떤 물건을 방출해야 하는지 찾아보았다. 금방 눈에 띄는 중요한 물건은 하나도 없었다. 가족실에 있는 옷장을 샅샅이 뒤지다가 나는 옛 연인의 사진을 한 장 찾아냈다. 휴가 중에 내가 찍은 일상적인 스냅사진이었다. 작은 사진, 아무리 봐도 하찮은 물건이었다. 그 사진은 여전히 액자에 끼워진 채 옷장 속에 숨어 있었다. 가장 깊이 숨은 물건이 방출해야 할 가장 큰 에너지를 품고 있을 때가 있다.

그 사진을 보는 순간, 머리끝부터 발끝까지 불에 타는 듯한 고통이 전해졌다. 바로 이것이었다. 거실의 대형 소파가 아니었다. 식당의 대리석 식탁도 아니었다. 결정적인 단서는 바로 옷장에 숨은 이 작은 사진이었다. 나는 예전 관계를 방출해야 했다. 매순간을 충만하게 살기 위해, 내 자신의 가치를 인정하고 존중하기 위해 나는 그 관계를 철저히 끝내야 했다. 그래야만 특별한 누군가를 만날 수 있을 터였다.

나는 특별한 의식을 치렀다. 한동안 관계를 유지해온 그와 나에게 용서의 말을 건넸다. 나는 상실감을 조금 느꼈다. 그리고 그 스냅사진을 태우는 의식을 통해 사진을 없애고 기억을 방출했다. 또한 내가 느낀 상실감과 실망감을 일기장에 적었다. 그럼으로써 나 자신의 일부를 방출했고 새로운 사람을 받아들일 공간을 마련할 수 있었다. 그 작은 사진을 태우면서 나는 사진의 가장자리가 오그라들고 녹아내리며 이미지가 불 속으로 사라지는 것을 지켜보았다. 그때 나의 후회와 좌절도 녹아 사라지는 것을 느낄 수 있었다.

믿거나 말거나, 이 방출 의식 직후 나는 제이슨을 만났다. 그때나 지금이나 그는 내 인생의 빛이다.

이로운 물건과 해로운 물건을 구별하라

평가 단계에서 이제는 쓸모가 없는 물건이 무엇인지 찾아냈는가? 각 공간을 살피면서 불필요한 물건을 모두 모아 방출하고 자신을 자유롭게 하라. 이 작업을 시작하기에 앞서 누군가가 옆에 있으면 이 일을 더 쉽게 해낼 수 있을지 여부를 숙고하라. 이 작업을 할 때 당신을 지지하는 좋은 친구가 옆에 있는 것은 여러모로 유익하다. 그는 당신이 명확하게 판단하고 물건을 방출하는 데 대한 저항을 이겨내도록 돕는다. 그리고 물건을 방출할 때 치미는 감정을 당신이 잘 해소하도록 격려한다.

집에 있는 각각의 물건에 대해 깊이 생각하라. 특정 물건을 방출할지 말지 결정하기가 어렵다면 다음 지침을 이용하라. 당신의 결정을 도와줄 것이다.

- 그 물건을 열렬하게 사랑하지는 않는가? 그렇다면 방출하라.
- 그 물건을 보고 감탄하지 않는가? 없애라.
- 아름다운 물건이기는 하지만 그걸 보면 기분이 언짢은가? 내려놓아라.
- 수리가 불가능할 정도로 망가졌는가? 쓰레기통에 넣어라.
- 값비싼 물건이지만 부정적 감정과 기억이 배어 있는가? 팔아라.
- 상태는 좋지만 이제는 내 것이라는 느낌이 들지 않는가? 기부하라.

당신이 특정 물건을 방출하는 것에 저항하고 있다면 그 물건을 그냥 창고에 던져두어선 안 된다. 그건 함정에 빠지는 짓이다. 차고와 지하실과 다락에는 진즉에 버렸어야 할 물건이 가득하다. 그 물건들은 계속 먼지를 모은다. 더 중요하게는, 그 주인의 마음을 무겁게 짓누른다.

보관하고 싶은 물건을 놓을 '보관' 구역과 버리고 싶은 물건을 놓을 '방출' 구역을 나눠라. 모든 물건을 그 두 범주로 분류해서 해당 구역에 놓은 다음 기부할 수 있는 물건은 기부하고 팔 수 있는 물건을 팔고 재활용할 수 있는 물건은 재활용하라. 그리고 나머지는 버려라. 모든 물건을 이렇게 정리하라.

가구와 개인 사진, 예술 작품의 방출 여부를 결정하는 일은 상당히 어렵다. 다음 지침을 참고하라. 평가 단계에서 당신은 이 질문들에 대해 이미 숙고했다. 그러니 그 단계에서 얻은 통찰을 계속 기억하라. 이제는 그 통찰을 토대로 행동을 취해서 불필요한 물건을 방출하기로 결정해야 한다.

가구

가구를 하나씩 주의 깊게 살펴보라. 이와 동시에 당신의 공간의 건축적 특징에 대해 숙고하라. 로스앤젤레스에 있는 내 거실은 벽이 직각으로 꺾이지 않고 여러 각도로 꺾여 있다. 그 집을 개조하기 전에 나는 내 소파에 대해 생각했다. 그 소파를 보면 뭔가 잘못됐다는 느낌이 들었다. 그 물건에는 거실의 특징에 대한 내 감상과 충돌하는 뭔가가 있었다. 집을 개조할 때 나는 평가 단계에서 얻은 통찰을 토대로 그 소파를 방출하기로 결정하고, 그것을 항상 탐내던 친구에게 주었다. 맞는 가구를 찾기가 어렵다는 이유로 직각이 아닌 벽을 저주하는 대신에 나는 그 흔치 않은 각도를 포용하고 그 특징을 고려해서 새 가구를 고르기로 결정했다. 지금 내 거실에는 정중앙에 두 개의 소파가 배처럼 떠 있고, 그 소파들 등받이는 벽과 동일한 각도로 놓여 있다.

새로운 눈으로 가구를 살펴볼 때는 그 가구에 대해 다음 세 가지 수준에서 숙고하라.

- 정서적 수준. 모양은 아름답지만 당신을 항상 비참하게 만든 성미 고약한 늙은 이모에게서 물려받은 의자를 갖고 있는가? 내다 버려라. 부정적 감정을 일으키는 아름다운 물건이 당신의 공간에 존재해서는 안 된다.
- 실용적 수준. 공간만 차지하는 가구는 무엇인가? 안락한 공간을 제공하지 못하고 잡동사니 신세가 된 가구는 무엇인가? 그 가구는 편안한가? 그것을 실제로 사용하는가? 결코 쓰지 않는 테이블이나 아

무도 앉지 않는 의자가 있는가? 그렇다면 그것이 거기에 있는 이유는 무엇인가? 당신의 감상적 애착은 배제하고 그 가구의 기능성에 초점을 맞춰라. 당신이 좋아하는 가구가 망가졌다면 고치든지 아니면 갖다 버려라!

- 미적 수준. 당신이 오래전부터 소유했으나 별로 관심을 두지 않는 가구를 바라보라. 지금이 기회다. 이 기회에 더는 당신에게 어울리지 않는 가구를 찾아내라. 당신의 생활 방식에 맞지 않는 가구는 무엇인가? 당신이 옷 입는 방식에 맞지 않는 가구는? 당신 자신에 대한 느낌과 어긋나는 가구는? 초라하거나 촌스러워 보이는 가구는 무엇인가?

다음 방법을 이용해서 가구를 관찰하라.

- 색깔을 보라. 당신이 집을 새로 꾸밀 때 또 쓰고 싶은 색깔을 지닌 가구는 무엇인가? 색깔 때문에 거슬리거나 그냥 어울리지 않는 가구는 무엇인가? 그 가구를 다른 색으로 바꿔 칠할 수 있는가? 소파를 다른 색 천으로 갈 수 있는가? 그럴 수 없다면 전부 버려라.
- 질감을 느껴보라. 그 가구가 보기에도 좋고 감촉도 좋은가? 쪼개질 우려가 있는 가구는 버려라. 소파가 꺼끌꺼끌해서 반바지를 입고 앉을 수 없다면 방출하라.
- 비율을 고려하라. 가구가 공간에 비해 지나치게 크거나 작게 느껴지는가? 가구가 입구나 통로를 막고 있는가? 가구가 너무 많거나 적은

가? 가구가 너무 많을 경우, 몇 개를 없애면 공간이 트인다. 너무 적으면 그 공간이 사용되지 않거나 황량하다는 느낌을 준다. 소중하고 아늑한 공간이 아니라 휑하게 빈 방치된 공간처럼 보인다.

가족과 친구의 사진

방출 단계에서는 집에 있는 사진을 하나씩 숙고하라. 그 사진은 좋은 시절을 생각나게 하는가? 당신을 사랑하고 격려한 사람을 떠올리게 하는가? 당신의 전성기를 기억나게 하는가? 그렇지 않은 사진은 방출하라.

예술 작품

어떤 작품을 오랫동안 소유할 경우, 어느 순간부터 우리는 그것을 감상하지 않는다. 모든 벽을 반드시 장식해야 할 필요는 없다. 소유한 작품이 여전히 당신에게 특별하고 감동을 주는지 알아보라. 그렇지 않다면 그 작품을 당신보다 훨씬 많이 감상해줄 사람에게 주라. 그 작품을 방출하라!

평가 단계에서 관찰한 물건을 이렇게 초심자의 새로운 눈으로 또 한 번 바라보라. 이때 각 물건이 당신을 감동시키는지 아니면 그저 공간만 차지하는지 숙고하라. 아무 도움도 안 되고 단지 공간만 차지하는 물건이나 상황이나 사람에게 더는 시간을 할애할 이유가 없다. 그것을 모두 방출하라. 일단 물건을 방출하기 시작하면 당신은 인생의 다른 모든 영역에서도 불필요한 것들을 무의식적으로 방출하기 시작할 것이다. 영혼의 공간을 창조하는 과정은 집에서 시작되고, 이어 그곳을 중심으로 해서 당신의 인생 전체로 퍼져나간다.

작별 편지 쓰기

가장 먼저 방출해야 할 물건은 무엇이었는가? 방출하기가 가장 힘들었거나 방출할 때 가장 만족했던 물건은 무엇인가? 그 물건에 편지를 써라. 그 물건을 향해 당신이 어떤 감정을 느끼는지, 과거에 그것을 왜 중시했는지, 그 물건이 왜 이제는 쓸모가 없는지, 그것을 왜 방출해야 했는지를 써라.

그 물건과 함께 어떤 감정을 방출하고 있는지 알아보라. 물건과 연관된 부정적 감정을 방출함으로써 당신은 진정한 자유를 얻을 것이다.

공간을 청소하고 돌봄으로써
감사하는 마음을 일으키라.

마음이 청정해지면
그 사람의 주변도 청정해진다.

― 붓다

3단계

청소하라

옆에 인용한 붓다의 말씀은 사실이다. 하지만 그 반대도 사실이다. 즉 주변이 청정해지면 그 과정에서 마음도 청정해진다. 그리고 눈에 보이지 않던 물건이 빛을 발하기 시작한다.

래리는 재능을 타고난 사진작가다. 나를 찾아왔을 때 그는 외로워했고 과거에 갇혀 있었고 경제적으로 궁핍했다. 나와 함께 집을 둘러보며 일차적으로 평가하는 동안 래리는 의뢰인을 구하지 못하고 있다는 사실에 대해 계속 핑계를 댔다. "요즘에는 사진에 그렇게 열중하지 않았어요." 처음에는 그렇게 말했다. 그러더니 나중에는 살벌한 경쟁과 까다로운 고객과 열악한 시장을 이유로 들었다. 그런 것들 때문에 자신이 예전만큼 그렇게 잘나가지 못한다는 거였다.

우리는 평가 작업을 계속했다. 래리는 40대 초반이었지만 그의 아파트는 훨씬 어린 사람이 살고 있는 공간처럼 보였다. 벽에는 액자에 넣은 그림이 아닌 포스터가 잔뜩 붙어 있었다. 필름은 작업실이 아닌 부엌 식탁에 무더기로 쌓여 있고 포스트잇이 덕지덕지 붙어 있었다. 그 식탁 밑에는 포크와 함께 먼지 덩어리가 굴러 다녔다.

그곳은 전문직에 종사하는 성인의 공간이 아니었다.

그 공간을 보면 래리의 화려했던 경력을 아무도 짐작하지 못할 것이다. 몇 년 전까지만 해도 그는 주로 유명 연예인의 사진을 찍는 작가로서 의뢰인이 줄을 이었다. 중요한 사진을 맡아줄 작가가 필요할 경우, 잡지사마다 래리에게 전화를 걸었다. 또한 그는 10년 동안 사귄 연인도 있었다. 하지만 2년 전에 헤어졌고, 그에 따른 상실감이 그 아파트에 여전히 감돌고 있었다. 래리의 집에 들어설 때 나는 무겁게 가라앉은 슬픈 느낌을 감지했다. 그 느낌이 공간 곳곳에 깊이 스며 있었다. 연인과 결별한 후, 사진작가로서 래리의 활동은 점차 부진해지다가 결국 멈췄다.

래리의 아파트는 그야말로 난장판이었다. 집이 아니라 창고 같았다. 청소하고 소중히 돌봐야 할 물건은 물론이고 당장 방출해야 할 쓰레기까지 온통 뒤죽박죽이었다. 래리가 사진작가로서 다양한 시기에 사용했던 카메라들이 신문 더미 옆에, 어젯밤에 사다 먹은 음식 포장지와 빈 깡통 너머에, 서랍과 옷장 속에 처박혀 있었다. 사진을 배우던 학생 시절에 쓰던 수동 카메라, 저널리스트로 일하던 초기에 사용한 카메라, 유명 연예인 사진작가 시절에 애용하던 커다란 렌즈들이 여기저기 방치되어 있었다.

우리는 방출 단계에 들어섰다. 식탁을 차지한 쓸모없는 필름 더미를 없애고 래리의 묵은 감정을 해소하기 시작했다. 그때 매우 중요한 것을 발견했다. 각종 자료로 빼곡하게 들어찬 장식장에서 우리는 래리가 찍은 전설적인 연예인 사진을 몇 장 찾아냈다. 그 사진들을 자랑스럽게 전시해서 자신이 성취한 것을 자기 자신과 세상 사람들에게 보여주는 대신에 그는 지난 성공을 깊이 숨겨놓았다. 그의 정체된 경력이 이 경향을 반영하고 있었다. 래리의 열정과 성공은 난장판 같은 현재의 생활 밑에 숨겨져 있었고, 이것은 그가 절실히 원하는 성공적인 미래를 차단하고 있었다.

청소 단계에서 우리는 래리의 아파트에 어질러져 있는 광고 우편물을 전부 버리고 구석구석 쌓인 먼지를 말끔히 털어냈다. 여기저기 굴러다니는 먼지 덩어리들도 없앴다. 그 먼지 덩어리와 함께 그 공간에 감돌던 우울한 느낌도 몰아냈다.

우리는 래리가 자신의 참모습을 보지 못하게 가로막는 잡동사니도 모조리 버렸다. 그렇게 버린 게 산더미였다. 우리는 아파트를 틈새까지 깨끗이 청소했다. 이로써 래리는 새롭게 시작할 준비를 갖추었다.

우리가 해낸 가장 중요한 일은 래리가 찍은 유명인의 사진을 액자에 넣어 눈에 띄는 곳에 놓아둠으로써 그의 지난 성공을 되살린 것이었다. 그 사진들을 볼 때마다 래리는 자신이 시련을 겪은 매우 창의적인 예술가라는 것을 기억할 수 있었다. 다른 직업을 찾아봐야 하는 무능한 사진가라는 느낌은 이제 사라졌다. 그렇게 내걸린 사진은 래리가 해낼 수 있다는 것을, 다시 해내리라는 것을 상기시키는 물건이었다.

우리는 곳곳에 방치된 오래된 카메라들도 한데 모아서 보기 좋게 진열했다. 그것을 매일 보면서 래리는 자신이 사진 찍는 것을 무엇보다 좋아한다는 것과 이 자리에 오기까지 거쳐온 그 모든 단계를 기억하곤 했다.

이런 식으로 날마다 미묘하게 격려해주자 래리의 태도가 달라지기 시작했다. 그의 행동이 달라졌다. 성공이 제 발로 찾아오기를 기다리지 않고 래리는 더욱 공격적으로 의뢰인을 찾아 나섰다. 이제 그는 프로 사진작가라는 자부심과 자신감으로 충천했고, 그에 어울리게 행동했다. 래리는 중개인을 집으로 초대하기 시작했고, 그들은 그를 의뢰인에게 소개했다. 유명 연예인과 신인 배우들이 새로운 래리의 탁월한 재능을 알아차리면서 그는 수익이 높은 자유 계약 작업을 맡기 시작했다.

이 변화에 래리는 충격을 받을 정도로 놀랐다. 당연히, 나는 전혀 놀라지 않았다. 그런 일이 일어나는 것을 나는 수없이 목격했다. 당신의 꿈을 찾아 반짝반짝하게 닦고 그것이 항상 그렇게 빛나게 하라. 그러면 그 꿈은 현실이 된다.

영혼을 위한 대청소를 시작하라

청소 단계는 세 가지 주요 행동으로 이루어진다. '소중한 물건을 청소하기'와 '돌보기', 그리고 '추상적인 청소 의식 행하기'가 그것이다. 청소 의식은 우리가 정서와 기운이라는 공간을 깨끗이 치우게 도와준다. 이전 방출 단계에서 우리는 불필요한 물건을 내보내는 것이 얼마나 유익한지 이야기했다. 청소 단계는 방출 단계의 균형을 잡아준다. 청소 단계에서 우리는 먼지 털기, 빨래하기, 쓸고 닦기, 액자에 넣기, 소파 천

갈기 등, 단순해 보이는 활동을 통해 자신의 소중한 물건과 연결되는 법을 배운다. 불필요한 물건을 없앰으로써 우리는 새 물건을 장만하고 계속 간직하기로 결정한 물건을 예우할 공간을 마련한다. 청소 단계에서 그 물건을 새 것처럼 깨끗이 닦고 소중히 돌봄으로써 우리는 그것을 실제로 예우한다.

청소는 중요한 의식으로 현재를 돌보고 미래를 준비하게 해준다. 청소는 기존의 물건과 공간에 새 생명을 불어넣는 행위다. 청소는 외적 세계를 반짝이게 닦고 내적 자아를 빛나게 한다. 자기 자신을 돌보고 성장시키는 한 방법인 것이다. 앞선 방출 단계에서 당신은 정서에 처진 거미줄을 걷어내는 작업을 했다. 여기 청소 단계에서는 당신에게 지지와 애정을 느끼게 하는 소유물과 재연결될 것이다. 자신에게 도움이 되는 물건과 새롭게 연결될 때 당신은 자신의 현재 모습과 앞으로 되고자 하는 모습의 토대가 되는 개인사를 더 깊이 이해하게 된다.

소중한 물건을 청소해서 내 것으로 만들라

내 의뢰인들 중에는 가족사에 완전히 엮여서 꼼짝도 못하는 이들이 많다. 거기에는 관심과 애정을 받으며 대대로 전해진 물건들도 포함된다. 적절하게 관리되고 중시된다면 그 가보는 과거를 존중하는 동시에 현재에 그 뿌리를 두고 있는, '대대로 이어지는 찬란한 빛'을 상징한다. 하지만 가족과 연관된 감정을 철저히 해소하지 못해서 물려받은 물건에 집착하는 사람이 많다. 안타까운 일이다. 그런 이들은 앞으로 돌아가서 2단계 '방출하기'를 다시 숙독하라.

그런 경우에 이렇게 물려받은 가보는 유물이 되고, 가정보다는 박물관에 더 잘 어울린다. 크리스티나가 확실히 이 경우에 속했다. 크리스티나와 남편 데이브는 신혼부부로 교외에 있는 주택에 세 들어 살았다. 그들은 나와 함께 작업하기를 열렬히 원했고, 쓰지 않는 공간을 음악실로 바꾸는 계획에 대해 신나게 이야기했다. 그 음악실은 둘이 함께 즐길 수 있는 공간이 될 터였다. 대단히 매력적인 그들 부부는 '상반된 사람끼리 끌린다'는 이론의 완벽한 본보기였다. 그리고 예술에 대한 열정과 호탕한 웃음소리라는 공통점을 토대로 사이좋게 살고 있었다. 지인의 파티에서 크리스티나와 데이브를 만나자마자 나는 그들의 상반된 성격을 즉시 알아차렸다. 데이브는 아이를 여러 명 낳을 거라며 큰 소리로 농담을 했고, 그가 시선을 돌릴 때마다 크리스티나는 나를 보며 세차게 고개를 저었다.

이것은 아주 이상한 장면이었다. 그들 인생의 한 영역에 대해 데이브는 희망에 차서 흥분했지만 크리스티나는 거부하고 겁낸다는 것을 보여주는 증거였기 때문이다. 내가 그들 집을 방문했을 때 데이브는 즉시 똑같은 농담을 시작했고 크리스티나는 똑같이 고개를 저었다. 이것이 그들의 일상인 게 분명했다. 그리고 나는 이 모든 것이 정말로 무엇을 의미하는지 몹시 궁금했다. "아이를 낳느냐 낳지 않느냐"라는 농담에 대한 내 관심은 우리가 그들의 생활공간으로 들어서자마자 싹 사라졌다.

바쁘고 창조적인 사람들의 공간은 그들의 바쁜 일상을 자주 반영한다. 창조성이 타오를 때는 누구나 청소 따위는 무심코 생략하기 일쑤다. 그러므로 예술적 열정을 갖춘 지인의 집에 들어설 때 나는 종종 약간의 혼돈을 기대한다. 하지만 크리스티나의 경우에 '혼돈'이라는 단어는 그들의 공간에서 내가 목격한 것을 제대로 표현하지 못한다. 그곳은 책과 악보와 그림이 어질러져 있는 공간이 아니었다. 신문 더미가 높이 쌓여 있고 조리대에 먼지가 수북하고 썩은 내가 진동하는 음침하고 불결한 공간이었다. 그곳은 내 오감을 완전히 마비시켰다.

거실은 먼지가 켜켜이 내려앉은 우중충한 가구와 접시들 천지였다. 크리스티나는 그것들이 '할머니 것'이라고 했다. 그녀의 생각으로는 그 물건을 간직하는 것이 자신의 인생과 유년 시절에 중요한 역할을 했던 분에 대한 기억을 존중하는 것이었다. 하지만 크리스티나는 그 물건을 적절하게 관리하고 깨끗하게 유지하지 못한 채 방치하고 무시했다. 이런 태도는 그녀가 의도한 안정적인 생활이 아닌 불안정한 생활을 보여주는 것 같았다.

꿈꾸고 발견하고 창조하는 단계로 나아갈 수 있으려면 우리는 거실의 오래 묵은 아수라장부터 처리해야 했다. 크리스티나가 할머니를 사랑하는 것은 분명했다. 할머니는 어린 크리스티나를 전적으로 돌보았고, 크리스티나가 데이브를 만나기 전까지 그녀를 믿어준 유일한 분이었다. 크리스티나의 부모는 전혀 다른 부류였다. 그들은 딸을 신뢰하지 않았고 그녀에게 자신감도 심어주지 못했다. 크리스티나가 누구 앞에 서도 자기주장이 뚜렷하고 강인한 여성으로 성장하고 성공한 것은 오직 할머니 덕분이었다.

부모가 언급될 때마다 크리스티나는 몹시 분노했다. 그것을 보고 나는 궁금했다. 그 경향은 데이브가 아이에 관해 말할 때마다 그녀가 고개를 내젓는 것과 무슨 관계가 있는 걸까?

크리스티나에게 필요한 것은 '방출'이 아니었다. 할머니의 물건을 방출하는 행위는 그녀와 할머니를 분리할 터였다. 크리스티나에게는 '청소'가 필요했다. 할머니가 물려준 물건을 청소함으로써 그녀는 그것을 실제로 보고 간직하고 그것과 연결되는 동시에 그 물리적 청소 과정을 통해 그 물건을 자기 것으로 만들 수 있을 터였다.

장미 문양이 섬세하게 새겨지고 순금으로 장식된 아름다운 도자기부터 내부가 쩍 갈라진 우산꽂이까지 우리는 할머니의 물건을 전부 깨끗이 닦았다. 그러는 내내 크리스티나는 할머니에 대한 추억을 줄줄이 풀어놓았다. "저 우산꽂이는 제가 망가뜨렸어요. 할머니께 혼날까 봐 무척 겁났어요. 하지만 할머니는 갈라진 곳을 그냥 아교로 붙이고 그 부분이 보이지 않게 돌려놓으셨어요. 그뿐이었죠. 지금 보니 저 물건에 간직된 추억이 정말 많군요."

크리스티나와 데이브가 그 추억을 공유하도록 나는 자리를 피했다. 크리스티나가 느끼는 그 벅찬 감정의 원천이 과거가 아닌 현재라는 것을 직감으로 알았기 때문이다.

다음 단계를 진행하기 위해 그들의 집을 다시 찾았을 때 거실은 반짝반짝 빛나고 있었다. 퀴퀴한 악취는 사라지고 은은한 재스민 향기가 가득했다. 게다가 그들 부부는 쓰지 않는 빈 방까지 이미 말끔하게 청소해두었다. 그곳은 음악실로 꾸며질 예정이었다.

"계획이 바뀌었어요." 크리스티나가 말했다. 다소 수줍어하는 목소리였다.

"무슨 계획이오?" 내가 물었다. 그들 부부는 먼저 말하라고 서로 미루는 듯이 마주 보고 있었다.

"쓰지 않는 빈 방이오." 결국 크리스티나가 말했다. "음악실 말고 다른 걸 만들려고요. 저희는 여전히 음악실을 원해요. 하지만 그건 이층에 만들면 돼요."

"다른 거 뭐요?" 내가 다시 물었다. 이제 중요한 대답을 듣게 되리라는 느낌이 들었다.

"아기방요." 데이브가 큰 소리로 말했다. "엄청 큰 아기방! 다섯 명은 들어갈 아주 큰 방!"

"작은 아기방을 만들고 싶어요." 크리스티나가 말했다. "새로 시작하기 위해."

청소라는 간단한 행위를 통해 크리스티나는 과거사로 묻어둔 관계와 재연결되었다. 어렸을 때 그녀는 가족 간의 애정 어린 관계를 다행히도 충분히 경험했다. 하지만 할머니가 돌아가시자 그런 관계는 완전히 끝났다고 생각했다. 할머니의 물건을 청소하고 그 물건에 간직된 수많은 추억을 되살림으로써 크리스티나는 새로운 사실을 깨달았다. 엄마에게서는 애정을 받지 못했지만 자신은 할머니를 본받을 수 있고 제 자식에게 행복한 어린 시절을 경험하게 해줄 수 있음을 깨달았다. 할머니를 본보기로 삼아 엄마 노릇을 할 수 있음을 드디어 깨달은 것이다.

할머니는 크리스티나를 사랑하고 귀하게 여겼지만 엄마는 그녀를 무시하고 방치했다. 크리스티나가 방출해야 했던 것은 부모와 연관된 부정적 기억과 감정이었다. 반면에 할머니는 그녀가 간직하고 본받아야 할 우상이었다.

물리적 청소와 공간 정화 의식

시대와 지역을 막론하고 세상 사람들은 청소의 힘을 인정해왔다. 물리적 청소는 위생과 쾌적한 환경을 보장하고 계절맞이 의식을 상징하며 추상적인 공간 정화 의식과 깊은 관계가 있다. 그들에게 청소는 거미줄은 물론이고 잡귀와 액운을 몰아내는 것을 의미했다. 성수(聖水)를 이용해 공간을 정화하는 가톨릭 전통부터 아메리카 인디언과 아랍인의 청소 의식, 새해를 앞두고 티베트와 일본, 중국에서 행하는 엄격한 청소 행위에 이르기까지 그 예가 다양하다. 어떤 청소 의식은 물과 비누를 사용하고, 어떤 것은 독한 술과 연기를 사용한다. 물리적 요소와 추상적 요소를 결합한 의식도 있다.

 봄맞이 대청소는 전통적인 청소 행위다. 고대 페르시아(현재의 이란)에서 새해 축하 의식에는 카네 테카니(Khaneh Tekani)가 필히 포함되었다. 그 말의 사전적 의미는 '집을 마구 흔들다'이다. 이 청소 의식은 봄이 온 것을 축하하며 조상과 최근에 세상을 뜬 가족과 친구들을 맞아들일 공간을 준비한다. 이 의식을 치르면서 그들은 모든 물건을 새 것처럼 닦는다. 카펫을 털고 은그릇을 닦고 새 옷을 사고 집 안 곳곳에 히아신스 꽃을 놓는다.

스코틀랜드의 새해맞이 행사로는 호그마니(Hogmanay) 축제가 있다. 이 축제 때는 섣달 그믐날에 일종의 의식으로 청소를 행한다. 호그마니 청소 의식은 묵은해가 완전히 떠나기 전에는 새해가 오지 않는다는 믿음에서 생겨났다. 묵은해를 떠나보내고 새해를 맞아들이기 위해 그들은 집 안팎을 철저히 쓸고 닦으며 불붙인 노간주나무 가지를 들고 돌아다닌다. 집 안에 떠도는 질병을 그 연기가 없애준다고 믿기 때문이다.

아메리카 인디언의 전통적인 스머징(smudging) 의식에도 연기가 사용된다. 이 공간 정화 의식은 부정적 기운을 몰아내는 한 방법이다. 그 외에도 걷기, 단식, 기도, 샤먼과의 대화 같은 방법이 있다. 스머징 의식에서는 세이지와 스윗그래스 같은 말린 풀을 태운다. 그때 생기는 향긋한 연기가 공중으로 퍼져 집 안 곳곳에 스며들면서 그곳에 감도는 부정적 기운을 말끔히 없애주고 평온하게 쉴 수 있는 공간으로 만들고 근심을 잠재운다.

청소 단계에서는 당신이 지닌 모든 물건의 표면을 털고 닦아야 한다. 당신의 공간에 떠도는 부정적 기운을 없애기 위해 추상적인 공간 정화 의식도 함께 행하는 게 어떨까? 앞서 간단히 소개한 의식 중 하나를 이용해도 좋고, 당신만의 특별한 의식을 고안해도 좋다. 당신이 연결감과 격려와 행복을 느끼게 해줄 방법을 하나 골라서 행하라.

당신의 공간을 정화하기

세이지와 스윗그래스 다발은 온라인 사이트나 허브 전문점에서 쉽게 구할 수 있다. 아메리카 인디언은 이 의식이 공간을 청소하고 우리에게 신성을 일깨워주고 우리의 감각과 의도를 상승시켜서 공간 정화를 가능케 한다고 믿는다. 세이지 다발에 불을 붙인 후, 그 재를 받을 그릇을 들고 집 안을 돌아다녀라. 당신의 의도를 소리 내어 말해도 좋고, 그냥 속으로 생각해도 좋다. 공간을 정화할 때 나는 지금 그곳을 청소하고 있으며 그곳에 아름다움과 생동하는 사랑을 돌려주고 있다고 소리 내어 말한다. 부정적 기운에게 그 공간을 떠나라고 부탁하고, 그 공간에게 더욱 균형 잡힌 곳, 애정 어린 공간으로 돌아가라고 부탁한다. 보통 나는 집 안을 시계 방향으로 돌면서 생성과 활동과 진화를 향한 흐름을 상징화한다.

여기서 중요한 것은 당신이 하는 말이 아니다. 당신이 느끼는 감정이 중요하다. 당신의 의도는 당신이 집중하게 도와주고 그 공간에 애정과 온정을 불어넣을 것이다. 그 공간을 당신의 의도로 채워라. 그러면 그곳이 어떻게 변하는지 보게 될 것이다.

집의 내력 : 소든 하우스와 블랙 달리아

로스앤젤레스에 있는 소든 하우스에서 나는 10년 가까이 살았다. 내게 그 집은 엄청난 성장과 행복의 원천이다. 그곳은 흘러간 좋은 시절에 대한 빛바랜 추억을 간직하고 있다. 그리고 충격적인 과거사도. 소든 하우스를 매입하고 개조할 때 나는 건축사에서 그 저택이 지닌 가치를 잘 알고 있었다. 하지만 그곳의 이전 주인에 대한 진실은 까맣게 몰랐다.

그 아름다운 집으로 이사하고 한 달이 지났다. 모든 개조 작업을 행했는데도 그 기간 내내 여전히 뭔가 빠진 느낌이 들었다. 그게 뭔지 나는 도저히 알아낼 수가 없었다. 그 집은 웅장했고, 내가 개조한 것들—영혼의 공간을 창조하며 생긴 것들—에는 내 꿈을 응원하는 요소가 많이 있었다. 명상을 위한 비단잉어 수족관, 내 공간에 불의 기운—내게 매우 중요한 것—을 더해줄 화로, 내가 글을 쓸 아름다운 책상이 놓인 조용한 서재 등.

내 꿈이 이루어지고 있었다. 울긋불긋한 잉어가 활발하게 헤엄치는 수족관 앞에서 나는 매일 명상을 했다. 저녁에는 화롯가에 앉아 불의 힘을 전해 받았다. 서재에서는 영혼의 공간을 창조하는 과정에 대해 숙고하고 그 전체 과정을 완벽하게 다듬었다. 하지만 부엌에서 나와 수족관 방을 지나는 통로를 따라 걸을 때마다 감당하기 힘든 불안에 짓눌리곤 했다. 내가 이름을 외지 못하는 비단잉어와 말미잘과 산호로 가득한 수족관은 멋있었고, 그것을 놓아둔 방은 참으로 아름다웠다. 하지만 내 기분은 끔찍했다. 내가 그토록 없애려고 애쓴 음울한 기운이 그 통로에 가득했다. 오랫동안 나는 그 방을 그냥 피하기만 했다. 나도 모르게 그렇게 하고 있었다. 내 집에 들른 친구 디나가 그 점을 지적했을 때에야 나도 알게 되었다. 서로 즐겁게 이야기하며 시간을 보내다가 디나가 이렇게 말했다. "저 수족관 방에는 어째서 한 번도 안 들어가는 거야?" 그 말에 나는 그 자리에서 얼어붙었다.

그 수족관은 설치한 지 얼마 되지 않았고 내 맘에 쏙 들었지만 디나와 나는 수족관을 잠깐 구경하지도 않았다. 그 방은 대단히 매력적인 공간이었음에도 우리는 계속 부엌이나 정원이나 침실에서 시간을 보냈던 것이다.

나는 소스라치게 놀랐다. 그래서 평가 작업을 철저히 해보기로 결심했다. 디나가 코치이자 지지자로서 나를 꼼꼼하게 이끌었다. 나는 수족관 방에서 가장 먼 침실부터 시작했다. 벽과 물건과 가구를 일일이 손으로 만지면서 내 불안의 근원을 알아내려고 애썼다. 이런 식으로 방을 하나씩 통과했다. 나는 행복하고 긍정적이고 희망차다는 느낌만 받았다. 하지만 수족관 방에, 특히 맨 안쪽 구석에 이르자 극도의 좌절감에 압도당했다. 나는 그대로 돌아서서 방을 나갔다.

"그곳이 어떻게 느껴져?" 디나가 물었다. 그 느낌에 대해 내가 말하고 싶어 하지 않는다는 걸 알면서도 디나는 직감을 발휘해서 대답을 재촉했다.

"무겁게 짓누르는 느낌이야, 뭔가 잘못된 느낌." 내가 말했다. 모래늪에 빠져 옴짝달싹 못하는 느낌, 아주 나쁜 어떤 일이 벌어지고 있지만 내가 그걸 통제하기는 불가능하다는 느낌이었다.

이것을 깨닫자 불안과 공포가 엄습했다. 나는 '내 집은 내 집처럼 편안해야' 한다는 생각을 철저히 고수하는 사람이다. 때문에 내 집에 '다른' 뭔가가 있다는 어렴풋한 깨달음은 내게 이로울 게 전혀 없었다. 그 뭔가가 그 통로에만 있을지라도 그 느낌으로 인해 내 집에서 오히려 내가 이방인처럼 느껴졌다. 그날 이후 한동안 나는 그 통로에 완전히 사로잡혔다. 그곳을 무시하는 대신에 기회가 있을 때마다 지나가면서 그 존재에게 모습을 드러내라고 배짱 좋게 청하기도 했다. 나는 뭐가 실제로 드러나는 것을 본 적은 없었다. 하지만 그 통로를 지날 때마다 등골이 오싹했다.

그 무렵에 《블랙 달리아》가 출간되었다. 그 책을 읽은 친구가 거기 묘사된 저택이 바로 내 집, 소든 하우스라는 것을 알아채고 내게 책을 주었다. 스티브 호델(Steve Hodel)이라는 남자가 쓴 책이었다. 그의 가족은 1940년대에 소든 하우스에서 살았다. 그리고 《블랙 달리아》는 스티브의 아버지이자 외과 의사인 조지 호델(Geroge Hodel)이 저지른 범죄 행위에 대해 장황하게 설명하고 있었다. 스티브 호델은 로스앤젤레스에서 벌어진 그 유명한 블랙 달리아 살인 사건의 범인이 자기 아버지라고 주장했다. 그 사건은 반세기가 넘도록 해결되지 않고 있었다.

1947년에, 그러니까 호델 가족이 소든 하우스로 이사한 지 1년 후에 엘리자베스 쇼트(Elizabeth Short)라는 22살 난 아가씨가 로스앤젤레스에서 죽은 채 발견되었다. 그녀는 살해되었다. 게다가 시신이 두 토막으로 예리하게 절단되었다. 유능한 외과 의사의 솜씨로 행해진 것 같았다. 이 엽기적인 살인 사건은 미국 전역을 충격에 빠뜨리며 큰 관심을 끌었다. 영화감독 오손 웰즈(Orson Welles)와 악명 높은 마피아 '벅시' 시걸(Bugsy Siegel)을 포함해서 용의자가 수없이 많았지만 살인죄로 공식 기소된 사람은 아직 하나도 없었다.

스티브 호델을 통해 나는 어떤 종류의 인간이 내 집에서 살았는지 알게 되었다. 그는 자기 아버지가 엘리자베스 쇼트뿐만 아니라 다른 여성도 여럿 살해했으며, 쇼트는 소든 하우스에서 살해되었다고 주장했다. 그의 책에는 조지 호델이 저질렀음 직한 살인 사건들과 그가 가족에게 행한 학대와 폭력이 자세하게 묘사되어 있었다. 조지 호델은 소든 하우스에서 파티가 열리는 동안에 수많은 저명인사가 제 어린 딸을 성적으로 학대하는 것을 허락하기도 했다.

나는 충격을 받았고 공포에 질렸다. 하지만 그 통로와 방이 나를 왜 그렇게 불안하고 두렵게 했는지 그 이유를 알게 되었다. 학대가 일어난 장소가 바로 그곳이었던 것이다. 내 집은 철저한 청소를 필요로 한다는 것이 분명해졌다. 그래야 내가 그곳과 재연결될 수 있었다. 그리고 그 청소는 쓸고 닦고 윤을 내는 문제가 아니었다. 그곳은 훨씬 더 은밀하고 추상적인 뭔가와 관계가 있었다. 그걸 불길한 기운이든 악령이든 액운이든, 뭐라고 부르든 간에.

그 공간을 치유하고 나쁜 기운을 몰아내기 위해 나는 아메리카 인디언 샤먼을 고용했다. 그는 여러 의식과 청소를 행해서 그 공간에 갇혀 있는 것처럼 보이는 기운을 방출했다. 세이지 다발과 향에 불을 붙인 후 그걸 들고 걸어가면서 내 집 안에 떠돌고 있는 나쁜 기운이 나갈 수 있게 도와주는 노래를 불렀다. 어느 순간 그 기운이 이상하게 느껴졌지만 또한 매우 편안하게 느껴지기도 했다. 기운이란 다양한 수준으로 존재하는 것이고, 나는 그 공간을 정화하기 위해 할 수 있는 것은 뭐든 기꺼이 할 작정이었다.

나는 소든 하우스를 과거에서 반드시 풀어주려고 결심했다. 그래야만 다른 누군가의 해결되지 않은 문제로 인해 내가 방해를 받지 않고 그곳에서 내 인생을 살아갈 수 있었다. 그래서 악령 쫓기 의식을 행하는 성직자도 고용했다. 그는 성수와 성경을 들고 왔다. 그 통로를 돌아다니며 그는 성수를 뿌리고 마치 그 불길한 기운에 직접 말을 건네는 듯이 기도문을 외웠다.

그 샤먼과 성직자가 무엇을 했든 간에 그것은 효험이 있었다. 정화 의식을 치른 후 수족관 방에 들어갔을 때 나는 의자에 편안하게 기대앉아 유리벽 뒤에서 느릿느릿 헤엄치는 잉어를 바라보았다. 평화롭고 평온했다.

청소는 먼지와 곰팡이를 없애는 것이 전부가 아니다. 청소 단계에서는 당신이 사는 공간은 물론이고 그곳이 내뿜는 기운과 정신적으로 새로 연결되는 것이 중요하다. 공기를 청소함으로써, 말하자면, 불길하거나 해묵었거나 그냥 그곳과 맞지 않는 기운이나 분위기를 청소함으로써 당신은 생생하고 건강하고 새로운 기운이 흘러들 공간을 마련한다. 그 공간에 꼭 알맞은 기운이 찾아들고, 당신은 그곳과 연결된다. 당신의 공간을 차지한 무형의 침입자 때문에 당신이 자기 집에서 불편하게 살아서야 되겠는가?

정화 의식은 인류에게 생소한 개념이 결코 아니다. 인간이 정착해서 공동체를 이룬 모든 곳에서 몇천 년 동안 정화 의식이 존재했고 행해졌다.

청소 전에 미리 계획하기

걸레를 들기 전에 잠시 시간을 갖고 숙고하라. 봄맞이 대청소를 철저히 함으로써 당신은 자신의 공간에 대해 어떤 느낌을 갖게 될까?

▶ 공간의 구석과 틈새까지 실제로 파고들어서 먼지와 쓰레기를 전부 없애려면 무엇을 해야 할까?

▶ 오래전부터 당신의 집 안에는 어떤 느낌들이 감돌고 있는가? 몰아내고 싶은 느낌은 무엇인가? 당신은 어떤 느낌이 감도는 공간을 만들고 싶은가?

▶ 그 공간을 어떻게 쓸고 닦으면, 그리고/또는 어떤 정화 의식을 치르면 그곳이 정말로 '내 집'으로 느껴질까?

청소를 통해 깨끗하고 쾌적한 공간을 창조하라

청소할 때는 평가 단계에서 했던 것만큼 세세한 부분에 주의를 기울여야 한다. 청소기와 대걸레로 아무리 철저히 청소했더라도 필히 두 손을 짚고 엎드려서 구석구석 샅샅이 들여다보라. 이것이 당신이 놓친 곳을 찾아내는 가장 좋은 방법이다. 영혼의 공간을 창조하려면 아주 작고 세세한 것들까지 포함해야 한다. 이때 모든 방에 페인트를 새로 칠할 필요는 없다. 삐걱거리는 경첩에 기름칠을 하고 먼지를 말끔히 치우고 깜빡거리는 전등을 교체하라. 다음 체크 리스트를 이용해서 청소하라.

지금 당장 집 안 곳곳을 청소하라

- 그림이나 사진을 액자에 넣어라. 그림이나 인화된 사진을 새로 샀고 그게 아주 마음에 들어서 오래 간직하고 싶다면 액자에 넣어 보기 좋게 전시하라.
- 모든 곳의 모든 먼지를 철저히 털어내라. 그렇다, 이것이 변화를 가져온다.
- 몸집에 비해 작은 화분에 담긴 식물을 큰 화분으로 옮겨라. 실내 정원을 정성껏 돌보라.
- 창문을 닦아라. 더 밝은 미래를 내다보고 햇빛이 들게 하라.
- 가구의 흠집을 전부 손질하라. 긁히거나 홈이 팬 곳을 메우는 적절한 용품을 찾아보라.
- 오래된 우편물을 버려라. '답장/해결'과 '쓰레기/재활용', 두 범주로 분류하라. 각 편지를 해당 범주에 넣어 처리하라.
- 물이 새는 수도꼭지를 고쳐라. 물 낭비는 지구를 사랑하는 방법이 결코 아니다.
- 삐걱거리는 계단을 고쳐라. 계단은 항상 안전하게 관리하라.
- 지붕의 홈통을 반드시 깨끗이 청소하라. 배수로는 흐름을 상징한다!
- 포치를 깨끗이 쓸어라. 실외 공간도 영혼의 공간의 일부다.
- 수선이 필요한 옷은 수선하라. 터진 솔기 꿰매기, 떨어진 단추 달기,

드라이클리닝 등. 옷장에 있는 옷은 언제든지 입을 수 있는 상태로 유지하라.
- 금이 갔거나 이가 빠진 머그잔을 버려라. 깨지고 금 간 물건을 보는 것으로 아침을 시작할 이유가 있는가?
- 은제품을 윤나게 닦아라. 명절에 그 물건을 써야 할 때까지 기다리지 마라. 당신이 살아 있는 하루하루가 눈부시게 빛나야 할 특별한 날이다.

햇빛이 들게 하라

계절에 상관없이 한 달에 한 번씩 나는 내 집의 창문이란 창문과 문이란 문은 전부 열어젖혀서 햇빛을 들이고 탁한 공기를 내보낸다. 상쾌한 공기를 집 안에 들여라. 그러면 당신의 공간이 새로워지고 그곳을 미래로 채울 준비를 하게 된다.

천연 세제를 이용하라

청소 단계에서는 봄맞이 대청소하듯 당신의 공간을 철저히 청소해야 한다. 계절은 비록 엄동설한이라 해도! 비로 쓸고 걸레로 닦고 물로 씻고 윤을 내라. 당신이 사는 환경을 청소할 때는 그곳을 라벤더와 레몬그라스 같은 천연 향이 그윽한, 안전하고 건강한 공간으로 만드는 것이 이상적이다. 우리가 '청소용'으로 자주 쓰는 화학 세정제의 인공향으로 채우지 마라.

대형 마트의 청소 코너에는 독한 화학 성분과 인공향을 함유한 갖가지 제품이 높이 쌓여 있다. 하지만 요즘에는 사람과 환경에 무해할 뿐만 아니라 효과도 우수한 세제가 많아서 마음대로 고를 수 있다. 슈퍼마켓에서 유기농 천연 세제를 구하기가 갈수록 쉬워지고 있다. 아니면 당신이 직접 나서도 좋다. 이미 가지고 있는 천연 재료를 이용해서 당신만의 세제를 만들어보라. 베이킹 소다와 식초 같은 필수품부터 레몬주스 같은 여름 음료에 이르기까지 당신이 요리할 때 쓰는 재료를 가지고 창문과 식탁을 깨끗이 닦아줄 세제를 만들어라. 다양한 용도로 쓰이는 재료가 많다.

- **베이킹 소다** 거의 모든 가정이 구비하고 있는 이 물건은 냉장고 탈취제로만 쓰이는 게 아니다. 베이킹 소다는 표면을 마모하지 않으면서 깨끗이 닦아준다.
- **식초** 식초는 샐러드드레싱뿐만 아니라 끈적끈적한 기름기와 곰팡이 제거에도 효과가 좋다.
- **레몬주스** 얼룩을 제거하고 금속의 광택을 되살리고 집 안의 박테리아를 없애준다.
- **소금** 거칠게 문질러 닦아도 되는 표면에 사용한다.
- **과산화수소수** 대체로 박테리아와 바이러스 증식을 억제하고 일반 세제로도 사용된다.
- **붕사 가루** 탈취제, 살균제, 세정제로 쓰이는 천연 미네랄.
- **과탄산** 기름기와 옷의 얼룩을 제거하는 효과가 탁월하다. 욕실 타일을 닦는 용도로도 훌륭하다. 하지만 필히 장갑을 끼고 사용할 것.

- **옥수수 전분** 창문을 닦고 가구의 윤을 내고 양탄자의 얼룩을 없애는 용도로 좋다.

직접 만들어라

직접 만들고 조립하는 것이 엄청 유행하고 있다. DIY는 스웨터 뜨기와 빵 만들기에만 국한되지 않는다. 세정제와 광택제도 흔한 재료를 이용해서 만들 수 있다. 그러니 다음에 소개하는 제조법에 따라 직접 만들어보라. 식초와 베이킹 소다 같은 일부 재료는 이미 주변에 있을 것이다. 붕사 가루와 과탄산은 슈퍼마켓에서 구할 수 있고 온라인으로 주문해도 된다. 가구와 조리대와 개수대를 말끔히 닦고 옷가지를 깨끗이 빨라. 친구에게 내보일 자랑거리로 청소보다 손쉽고 건강하고 재미난 일은 없다.

- **다목적 세제** 식초 1/2컵, 물 1.8리터를 섞어서 병에 넣은 후 샤워기, 욕조, 변기, 세면대, 창문, 거울, 각종 표면을 닦아라.
- **주방 세제** 붕사 가루와 과탄산을 1대 1 비율로 섞어서 통에 넣어라. 경수(硬水)일 경우, 과탄산 비율을 높여라.
- **세탁 세제** 아이보리 비누 가루 1컵, 과탄산 1/2컵, 붕사 가루 1/2컵을 섞어서 보관하라. 빨랫감이 적으면 1큰 술, 많으면 2큰 술을 사용하라.
- **바니시를 칠한 목제 가구 광택제** 온수 1/2컵, 레몬 농축 오일 두세 방울을 잘 섞어 면 걸레에 적신 후 가구를 닦고 마른 걸레로 윤을 내라.
- **바니시를 칠하지 않은 목제 가구 광택제** 올리브오일 2작은 술, 레

몬주스 2작은 술을 잘 섞어서 적은 양을 부드러운 면 걸레에 묻혀라. 오일이 걸레에 충분히 스며들면 가구를 닦아 윤을 내라.

자기가 사는 공간을 소중히 여김으로써 우리는 자신을 소중히 여긴다. 그 공간을 돌봄으로써 자신을 돌본다. 새로운 기회와 경험이 가능한 공간을 창조하는 것이 중요하다. 2부에서는 그 공간을 채워나가는 단계에 들어설 것이다. 자신이 이미 갖고 있는 것을 청소하고 예우하는 행위를 통해 우리는 현재 자신이 감사해야 할 것들을 직접 보고 느끼고 확인한다. 4단계로 넘어가기 전에 그 점을 알고 있어야 한다.

쾌적해진 공간과 연결되기

평가 단계와 방출 단계에서 자신의 물건에 편지를 쓰고, 그것을 이용해 자신의 가장 강렬한 감정을 포착하고 해소했다. 청소 단계에서도 이 주제를 이어갈 것이다. 하지만 이번에는 당신이 사는 공간 전체와 연결되는 작업을 한다. 지금껏 긴 시간을 들여 그곳을 깨끗이 치웠기 때문이다. 청소를 하고 나니 당신의 집이 어떻게 느껴지는가? 청소 후에 특정 공간이나 특정 소유물에 대한 당신의 느낌이 달라졌는가? '봄맞이 대청소'를 더욱 규칙적으로 행하고 싶은 마음이 생겼는가? 방출해야 할 물건을 한 개라도 더 찾아냈는가? 정화 의식을 통해 당신의 공간이 지닌 기운이 어떻게 바뀌었는가?

2장 미래를 표현하기

상상이 지식보다 중요하다.

- 알베르트 아인슈타인(Albert Einstein)

당신의 공간에 꿈의 씨앗을 뿌리고
그 꿈을 응원하라.

눈을 크게 뜨고 꿈을 꾸라. 그리고 그 꿈을 실현하라.
- 토머스 에드워드 로렌스(Tomas Edward Lawrence, 영국 군인이자 아랍 독립운동가)

꿈꾸라

모든 것은 꿈에서 시작된다. 모든 나무는 씨앗에서 시작된다. 당신이 품은 꿈은 당신의 남은 인생을 성장시킬 씨앗이다. 꿈을 결코 버리지 않고 항상 간직함으로써 당신은 그 꿈에 물을 주어야 한다. 꿈을 이루는 사람과 이루지 못하는 사람의 유일한 차이는, 전자는 꿈을 결코 포기하지 않는다는 것이다.

나는 노란 포클레인이 정원의 한 곳에서 다른 곳으로 흙을 퍼 나르는 것을 지켜보고 있다. 그 기계의 동그랗게 오므린 손이 움직이며 흙을 한 무더기 퍼 담아서 다른 흙더미에 쏟는다. 그 흙더미가 서서히 계속 커진다.

이 과정에는 시간이 걸린다. 소음도 크다. 다른 사람들의 노동과 도움을 필요로 한다. 머리칼이 덥수룩한 남자가 포클레인을 운전하고 있다. 그는 나무와 사람들을 가리키며 무엇을 어디에 놓으라고 일러준다. 정원의 다른 구역에서는 일꾼들이 돌덩이를 나르며 연못을 파고 있다. 그곳에는 아름다운 비단잉어를 풀어놓을 것이다. 소든 하우스에서 나는 잉어 옆에서 명상하는 것을 무척 좋아했다. 연못 속에서 명랑하게 헤엄치는 잉어들은 하와이에서 내 손님들을 즐겁게 해줄 것이다.

이것은 내 꿈을 이루는 과정의 일부다. 내 꿈이 이루어지고 있는 광경을 지켜보자니 이 모든 게 현실이 되는 상상을 하던 것이 얼마나 재밌었는지 기억난다. 우아하게 굴곡진 잉어 연못에 대한 아이디어가 떠오르기 전에, 텃밭과 과수원을 만들기로 결심하기 전에, 나는 현관에 앉아 내 앞에 펼쳐진 드넓은 맨 땅을 바라보며 시간을 보냈다. 이제는 그 잉어 연못과 과수원을 여기에 만드는 것이 당연하게 느껴진다. 전에는 그걸 결코 확신하지 못했다. 상상은 내 마음 깊은 곳에 존재할 뿐 아직 표출되지 않았었고, 그래서 나는 그 상상을 뚜렷한 계획으로 표현할 수가 없었다.

나는 드림 보드(dream board)를 만들 이미지를 모으기 시작했다. 드림 보드는 이 4단계에서 당신이 배우게 될 유용한 도구다. 나는 현관에 앉아 대지를 골똘히 응시하면서 그것이 참된 본성을 내게 보여주기를 간청했다. 그늘을 드리울 야자수를 잔뜩 심고 그 사이에 해먹을 걸어놓을까? 아니면 주차장으로 써야 할까? 테니스 코트가 나을까? 수영장을 하나 더 만들까? 손님들이 마사지를 받을 수 있는 조용한 공간을 만들까? 아니면 그들이 이곳 하와이의 역사에 대해 배울 수 있을 토속적인 환경을 조성할까? 활엽수를 울창하게 심고 피크닉 벤치를 놓는 게 좋을까? 영감에 이르는 길은 버겁고 고달프고 때로는 절망적이다. 우주는 그렇게 장애물을 던져서 우리가 자신의 꿈에 얼마나 철저히 열중해야 하는지 깨닫게 하고 진정한 꿈을 이루게 준비시키는 것 같다.

꿈을 이용해서 현실을 설계하라

그 맨땅에 무엇을 만들지에 대해 나는 긴 시간을 들여 생각을 거듭했다. 나는 그곳이 아름답기를 원했다. 하지만 아무도 범접할 수 없는 곳이 되는 것은 원하지 않았다. 나와 제이슨이 아무것도 할 수 없는, 지나치게 깔끔하게 정돈된 공간이 되는 것은 원치 않았다. 나는 그 공간이 우리의 경험을 완전하고 풍요롭게 해주고 이곳 하와이에서 우리가 하는 경험의 살아 있는 일부가 되기를 원했다.

나는 드림 보드를 만들 때 참고할 것들을 담아둘 상자를 마련했다. 그리고 며칠이 지나자 그 상자는 내가 디자인 잡지에서 오려낸 이미지와 여행 중에 찍은 사진들로 채워졌다. 이어서 나는 LA에서 마우이섬으로 주방용품을 나를 때 썼던 상자에서 잘라낸 딱딱한 판지에 그 이미지들을 붙였다. 오른쪽 맨 위에는 바다와 야자수와 초가지붕 등, 섬을 주제로 한 이미지를 붙였다. 중앙에는 커다란 물고기 한 마리, 왼쪽 맨 위에는 농장과 상추 밭, 그 옆에는 과수원 이미지를 붙였다. 맨 밑에는 바다 사진을 여러 장 더 붙이고, 은제 수도꼭지 사진도 붙였다. 그 수도꼭지 이미지가 어째서 내게 말을 걸었는지 그 이유를 나는 알지 못했다. 하지만 드림 보드의 목적은 아는 것이 아니라 느끼는 것이다. 드림 보드는 느낌 유발, 본질, 감정 표현과 관계가 있다. 단어가 전하려고 애쓰는 것을 때로는 이미지가 더욱 완벽하게 표현하기 때문이다.

내가 아는 한 가지는 내가 물에 집착하고 있다는 것이었다. 나는 내 안에서 들리는 고요한 목소리에 항상 주의를 기울인다. 그러면 마치 내 영혼이 내게 속삭이고 있는 듯한 느낌이 든다. 내게 단서를 주고 내가 꿈꾸는 모든 것을 실현하는 방향으로 나를 이끌어주는 느낌이다. 이 경우에 내 꿈은 단순했다. 나는 물을 그리워했다. 이 말이 엉뚱한 소리처럼 들릴 것이다. 나는 사방이 드넓은 바다로 둘러싸인 섬에 있었기 때문이다. 하지만 내가 소유한 대지는 화산과 5킬로미터 떨어진, 수원(水原)에서 아주 먼 곳에 자리하고 있었다. 이걸 생각한다면 물을 가까이 두려는 내 열망을 이해할 수 있을 것이다. 나는 검은 화산암으로 둘러싼 수영장을 만들 공간을 이미 설계했고, 그것을 아직 행하지는 않았다. 나는 내 공간 곳곳에 물의 요소를 집어넣을 필요가 있었다. 그 물은 중앙 정원만이 아니라 다른 모든 구역에서도 아주 잘 보이는 것이어야 했다.

다른 목표는 땅과 관련된 것이었다. 제이슨과 나는 대단히 넓은 땅에 자리를 잡았다. 그리고 풍경을 제외하고 우리에게 가장 큰 기쁨을 주는 것들 중 하나는 수많은 과일나무였다. 우리는 아보카도를 따서 샐러드에 넣었다. 방갈로 바로 앞에 있는 코코넛 나무에서 딴 작은 코코넛을 이웃이 준 은제 도구로 쪼개서 그 과즙을 마셨다. 마카다미아넛이 주렁주렁 달린 나무 밑에서 그 열매를 모아 망치로 껍데기를 깼다. 이 활동들은 우리에게 큰 만족과 영양분을 제공했고, 우리가 살고 있는 곳과 실제로 하나가 된 듯한 느낌을 주었다. 제이슨과 나는 손님들도 우리와 똑같은 것을 경험하고 땅을, 어머니 대지의 너그러움을 느끼기를 원했다.

제이슨과 나는 큰 과수원을 만들 수 있을지 의논하기 시작했다. 그리고 곧이어 정말로 운 좋게 나는 열정적인 한 청년을 우연히 만났다. 마우이섬 남쪽의 신록이 울창하고 풍요로운 하나(Hana) 마을에서 대단히 아름다운 유기농 농장을 만든 사람이었다. 꿈 단계에서 우리는 동화 같은 하나 마을을 계속 돌아다니며 우리가 해낼 수 있는 것들에 대해 열린 마음으로 숙고하고 수용했다. 우리는 대나무 숲을 거닐고 나무와 덩굴에서 잘 익은 과일을 따서 먹었다. 톡 쏘는 맛이 일품인 울긋불긋한 열대과일, 달콤한 아미우, 섬세하게 골이 파인 향긋하고 검붉은 수리남체리. 그 맛과 향은 내가 폭포 아래서 열기를 식힐 때까지도 뇌리에서 사라지지 않았다.

대지를 꾸밀 계획을 마무리하기 전에 나는 드림 보드를 살펴보았다. 거기에는 똑같은 주제가 집중적으로 반복되고 있었다. 농장과 나무, 식물, 과일, 음식 사진이 바다와 해안, 배를 모는 사람들의 사진들과 함께 붙어 있었다. 나는 내가 특히 강조해서 붙인 수도꼭지 이미지를 응시했고, 그제야 깨달았다. 수도꼭지를 틀면 무엇이 나오는가? ……물이다.

꿈 단계에서 우리는 마음을 열고 세상이 제공하는 단서와 제안을 기꺼이 받아들인다. 그리고 세상은 우리의 열린 마음을 알아채고 우리가 꿈을 이루는 데 필요한 모든 것을 제공한다. 내가 드림 보드에서 본 것들과 하나 마을의 과수원에서 얻은 영감은 그 드넓은 맨땅에 무엇을 창조해야 할지 내게 보여주었다. 테니스는 미룰 수 있었다. 주차장도 다른 곳으로 옮길 수 있었다. 제이슨과 내게 필요한 것은 물이었다. 우리가 살고 있는 이 풍요로운 화산섬을 둘러싼 바다와 더 가까워지기 위해서였다. 그리고 우리에게는 과일나무와 과일 덩굴과 텃밭, 너그러운 대지가 베푸는 그 모든 것이 필요했다. 그 대지와 비옥한 토양과 우리의 집과 더 가까워지기 위해, 훨씬 더 풍요로운 느낌을 얻기 위해서였다.

세상 속으로 들어가 영감을 얻기

간단한 연습이다. 거실에 앉아 원대한 꿈을 가질 방법에 대해 고민하지 말고 잠깐 쉬어라. 밖으로 나가서 다른 사람들의 꿈이 어떻게 실현되고 있는지 보아라. 더 큰 세상 속으로 들어가서 무엇이 당신의 마음에 와 닿는지, 당신이 눈길을 줄 때 유난히 반짝이는 것이 무엇인지 알아보아라.

무엇이 당신에게 영감을 주는가?

▶ **박물관과 미술관을 찾아가라** 현대 작품에서 고대 이집트 조각상에 이르기까지 현대와 과거의 유물들이 종종 단서를 제공한다.

▶ **전혀 낯선 곳으로 차를 몰아라** 그곳에 가는 길에 당신은 무엇을 보게 될까?

▶ **공원을 산책하거나 숲길을 걸어라** 자연에 둘러싸일 때 어떤 느낌이 드는가? 어떻게 하면 집에서도 그와 똑같은 느낌을 일으킬 수 있을까?

▶ **오픈 하우스에 가보라** 다른 사람들이 당신과 똑같은 꿈을 꾸지는 않을 것이다. 하지만 그들이 공간을 무엇으로 어떻게 채우고 사는지를 보는 것은 항상 흥미롭다.

▶ **새로운 식당과 클럽에 가보라** 새로운 소리와 질감과 맛과 향으로 당신을 에워싸라.

▶ **낯선 도시나 낯선 마을에 가보라** 어떤 건축 요소, 어떤 상점이나 음식점을 새롭게 발견할 수 있는가?

어떤 꿈이든 현실이 될 수 있다

물에 대한 모든 꿈이 연못을 새로 파는 것으로 이어지는 것은 아니다. 땅을 느끼려는 모든 꿈에 나무를 파내고 과수원을 만드는 것이 수반되어야 하는 것도 아니다. 레이첼과 함께 개조 작업을 할 때 나는 우리가 드림 보드에 붙인 이미지들이 상당히 비슷하다는 것에 깜짝 놀랐다. 마우이섬의 내 드림 보드에는 물과 신선한 과일과 채소 사진이 잔뜩 붙어 있었다. 뉴욕에 사는 레이첼의 드림 보드 역시 물과 해변과 나무 이미지들로 가득했다. 레이첼은 맨해튼에 있는 출판 에이전시의 중개인으로 형광등 불빛 아래 칸막이 공간에서 일하고 있었다. 그녀는 지하철을 타고 이동했고, 그녀의 집은 혼잡한 거리에 면한 건물에 있었다. 그 건물에는 앞뜰도, 뒤뜰도, 정원도 없었다. 그리고 레이첼은 체육관에서 운동을 하고, 음식점과 영화관과 술집에서 즐거움을 얻었다. '실내'에서 그렇게 많은 시간을 보내면서도 레이첼의 꿈이 거의 전부 '실외'와 관계가 있다는 것이 몹시 의아했다.

그 모순에 대해 질문하자 레이첼은 자기도 이미 알고 있다고 대답했다. "저는 도시에서 자랐어요. 그리고 시골이나 호숫가나 해변의 조용한 마을에서 사는 걸 항상 꿈꿨어요. 하지만 저는 중개인으로서 경력도 쌓고 싶어요. 그러기 위해 지금 당장은 뉴욕에서 살아야 해요. 언젠가는 다른 인생을 살겠지만 지금은 이게 중요해요."

레이첼은 자신의 다른 부분을 수용하기 위해 자신의 중요한 부분을 일부러 포기하고 있었다. 우리가 해야 할 일은 레이첼의 공간에 드넓게 트인 느낌, 자연과 연결되고 실외에 있는 느낌을 주는 것이었다. 영혼의 공간을 창조하는 과정의 후반 단계에서 우리는 레이첼의 꿈을 현재의 거주 공간에 통합하는 데 필요한 단서를 찾아야 했다. 그리고 그 꿈을 그것이 통합될 공간보다 훨씬 더 크게 키움으로써 그 단서를 찾아낼 수 있었다. 우리는 공장에서 대량 생산된 기존 가구를 레이첼이 뉴잉글랜드 지역을 천천히 돌아다니며 하나씩 찾아낸 가구로 바꾸었다. 거기에는 아름다운 핸드메이드 슬레이 침대(sleigh bed: 머리와 다리 부분의 판이 바깥으로 동그랗게 말린 침대)와 그에 어울리는 서랍장도 있었다. 부엌에 건 화분은 '시골' 같은 느낌을 더해주었다. 레이첼은 지역 농산물 직거래 조합에도 가입해서 매주 신선한 달걀 한 상자와 허브와 농산물을 받았다. 이것은 그녀가 옷 가게 옆이 아니라 농장 옆에 살고 있는 것 같은 느낌을 주었다. 그리고 그 조합에서 만난 여성을 통해 도시인들이 농장에 와서 농사일을 돕는 것을 환영하는 단체에 대해 알게 되었다.

    버몬트와 메인주에서 휴가를 보내지 않을 때도 이제 레이첼은 자신이 매우 사랑하는 자연 세계를 항상 실감하며 산다. 자연을 떠올려주는 물건들이 항상 옆에 있기 때문이다. 이것은 그녀가 도시에서 생활하면서 시골에서 사는 꿈을 이루기 위한 자원을 모을 때 필요한 균형을 부여한다.

당신은 무엇을 꿈꾸는가?

레이첼은 도시에서 살기로 의식적으로 결정했다. 자신은 시골 분위기가 물씬 풍기는 곳에서 살기를 원한다는 것을 알고 있으면서도 그렇게 했다. 그녀는 자신의 꿈이 무엇인지 알고 있었다. 마우이섬에 갔을 때 나는 내 의도를 대체로 명확하게 알았다. 하지만 살아오면서 내 의도가 그렇게 분명하지 않을 때도 있었다. 그럴 때는 내가 누구인지, 무엇을 하려고 하는지에 대한 수많은 혼란으로 인해 꿈 단계를 진행하기가 어렵다.

때때로 우리는 자신의 꿈과 목표를 명확하게 알지 못한다. 우리의 꿈은 남들이 우리에게 바라는 것이나 우리가 몇십 년 또는 몇 개월 전에 바랐던 것과 쉽게 엮인다. 너무 큰 꿈이나 너무 많은 꿈이란 없다. 우리 마음속에는 우리가 당연히 실현하고 경험해야 할 꿈이 존재한다고 나는 믿는다. 인간관계와 직업과 돈과 여행. 이 모든 것을 꿈 단계에서 숙고해야 한다. 당신의 공간에 그 꿈의 씨앗을 뿌리고 그 꿈을 추구하는 동안 당신을 응원해줄 미묘한 단서들로 그 공간을 채울 방법이 있기 때문이다. 어쨌든 특정 인간관계를 원한다면 자기 마음과 공간 속에 그 관계가 들어설 자리를 마련해야 한다.

현재 당신이 열정적으로 몰두하는 것은 무엇인가?

꿈 단계에서는 자신의 꿈에 대해 숙고하는 것조차 방해하는 자잘한 목소리들을 잠재워야 한다. 상상이 샘솟게 놔두고 드림 보드를 만들어서 당신의 꿈이 단어와 이미지들 속에 뿌리를 내릴 수 있게 하라.

꿈을 알아내기

당신이 가장 좋아하는 취미나 활동, 휴가지, 열광하는 대상의 목록을 만들어라. 당신이 정말 사랑하는 것이나 잘하는 것, 더 잘하고 싶은 것들을 적어라. 내 의뢰인들은 다음과 같은 것을 거론한다. 목공예, 요가, 요리, 원예, 업무(그렇다, 자기 일에 정말로 열정적인 사람들이 있다), 사진, 축구, 조류 관찰 등. 당신이 하고 싶은 것은 무엇이든 집어넣어라. 이 목록을 나중에 다시 참고할 것이다.

그 꿈은 누구의 것인가?

기억해둘 게 있다. 당신이 어떤 것을 잘하는 방법을 알고 있다고 해서 그것이 당신의 열정의 대상은 아니다. 레베카는 탁월한 피아노 연주자다. 그런데 알고 있는가? 그녀는 피아노 치는 것을 질색한다.

나와 함께 작업하기 시작할 때 레베카의 거실 입구에는 흰색 그랜드피아노가 놓여 있었다. 그 피아노는 레베카가 집에 들어설 때 맨 먼저 보고 집을 나설 때 맨 마지막으로 보는 물건이었다. 레베카는 그 피아노를 쳤을까? 아니다. 그걸 치고 싶어 했을까? 아니다. 다른 사람들은 레베카에게 피아노를 쳐달라고 자주 졸랐고, 그런 요구가 그녀는 몹시 불편했을까? 그렇다. 그 그랜드피아노는 다른 사람이 원하는 것—피아노 연주―을 해야만 했던 어린 시절을 기억나게 했다. 레베카는 밖에서 뛰어놀거나 자신이 하고 싶은 것을 스스로 결정하지 못하고 끝없이 이어지는 피아노 레슨에 시달려야 했다.

방출 단계에서 레베카는 그 피아노를 방으로 옮기고 거실을 활짝 열린 자유로운 공간으로 놔두었다. 그 공간에 피아노 대신 무엇을 놓고 싶은지 아직 알지 못했지만 그렇게 했다. 꿈 단계에서는 독서와 연극 관람, 박물관 구경에 많은 시간을 보냈다. 음악이 포함되지 않은 모든 종류의 풍요로운 경험에 열중했다. 흥미롭게도, 레베카의 드림 보드에는 이미지가 몇 개 없었다. 하얗고 깨끗한 그리스 조각상 사진 몇 장뿐이었다. 그 드림 보드는 그녀가 신문과 잡지에서 오려낸 크고 굵은 단어들로 이루어진 구절이 대부분을 차지했다. "있는 그대로의 너 자신이 돼라"고 드림 보드는 레베카에게 명령했다. "큰 소리로 자신을 표현하라"라는 구절도 붙어 있었다. 그리고 어니스트 헤밍웨이의 말도 있었다. "글쓰기는 별게 아니다. 그냥 타자기 앞에 앉아 피를 흘리기만 하면 된다." 그 밑에는 구식 타자기 사진이 붙어 있었다.

레베카와 나는 무엇을 깨달았을까? 그 구절과 사진을 붙인 의도를 어쩌면 레베카보다 당신이 더욱 정확하게 알아차릴지도 모른다.

레베카는 피아노를 연주하거나 작곡하는 것을 원치 않았다. 문학작품을 쓰는 것을 원했다.

내 경험으로 보건대, 요리하는 걸 아주 좋아하면서도 부엌을 즐겁고 편하게 이용할 수 있도록 유지하지 못하는 사람이 많다. 요가에 열광하면서도 태양 경배 자세를 취하기 위해 바닥을 청소하는 것조차 미룬다. 어떤 여성은 화초 가꾸기가 제일 좋다고 주장했지만 그 집에는 화분 하나 없었다. 햇빛이 안 들어서 화초를 키울 수 없다고 했다. 작은 아파트의 유일한 창문을 가린 대형 책장을 없애자 그녀는 높은 선반을 설치하고 허브 화분과 화초를 여러 개 놓을 수 있었다.

레베카는 큰 집을 소유한 행운아였다. 글쓰기에 완벽한 공간도 갖고 있었다. 연못이 보이는 커다란 창문 앞에 앤티크 책상이 놓여 있었다. 책을 쓰고 싶은 열망을 갖고 있었음에도 레베카는 그 책상에 앉아 글을 쓴 적이 단 한 번도 없다고 말했다. 5년 전에 그 집으로 이사할 때 그녀는 자신을 위해 그 방을 직접 만들었다. 하지만 나와 함께 드림 보드를 만들 때까지 레베카는 그 방에 들어가지도 않았고 그 방을 그곳의 진짜 목적, 즉 글쓰기에 이용하지도 않았다.

당신의 공간에서 당신답게 살기가 불가능한가? 당신이 좋아하는 것을 할 수가 없는가? 자신이 창의적이라는 느낌이 들지 않는가? 풍요로움을 느끼고 영감을 얻기가 어려운가? 그렇다면 당신은 자신의 영혼의 공간에서 해야 할 일이 아주 많다. 이 꿈 단계에서는 마음을 크게 열어 자유롭게 상상하고 추측하며 '할 수 없어와 하는 방법을 몰라' 같은 생각에서 반드시 벗어나야 한다. 우리가 행하는 아주 많은 것이 한계, 즉 물리적 공간과 경제적 한도와 시간적 제약으로 위축된다. 꿈 단계는 당신이 스스로를 해방할 기회다. 원대한 꿈을 꾸어라. 진정한 꿈을 꾸어라. 진짜 당신으로 사는 꿈을 꾸어라.

어제의 꿈이 아닌 오늘의 꿈을 꾸라

마크와 줄리는 열네 살짜리 아들을 둔 부부다. 두 사람이 만났을 때 줄리는 치과 대학원에 다니는 학생이었고, 마크는 크게 성공한 운동선수였다. 줄리는 스포츠에 대한 마크의 열정과 헌신에 매력을 느꼈다. 그리고 마크는 나중에 이렇게 말했다고 한다. "이 아름다운 여자가 치과 의사라는 게 믿기지 않았어. 그렇게 예쁜 치과 선생님은 본 적이 없었거든."

잇단 부상으로 선수로서의 생명이 끝난 후, 마크는 길을 잃었다. 줄리는 대학원을 졸업하고 치과 의사로 개업했다. 그사이 아들 스테판이 태어났다. 마크는 아기를 돌보며 집안일을 했고, 줄리는 치과 의사로서 일상을 보냈다. 30대 후반에 이르기까지 마크는 별 볼 일 없는 직업을 전전했다. 기본적으로 가족을 부양하는 사람은 줄리였다. 마크는 운동 외에는 어느 것에도 결코 안주할 수가 없었고, 허드렛일밖에는 할 수 없는 처지에 우울해했다. 그러다가 간간이 마리화나에 손을 대던 것이 고질적인 습관이 되면서 줄리와의 관계가 위기에 처했다.

1층과 2층은 주로 줄리와 스테판의 영역이었다. 줄리의 잡지와 스테판의 책들이 부엌 식탁을 차지했고, 스테판의 자전거가 현관에 놓여 있었다. 지하실은 마크의 은신처였다. 그곳은 마크의 과거가 매장된 보고 (寶庫) 같았다. 그가 받은 수많은 트로피가 잘 보이게 진열되어 있었다. 최근에 거둔 성공은 하나도 보이지 않았고 그가 전성기의 영광을 되찾을 가능성은 없었기 때문에 그 진열품은 기분을 돋우기는커녕 오히려 우울하게 했다.

꿈 단계에서 나는 마크와 줄리에게 드림 보드를 만들라고 했다. 마크의 관심은 온통 과거에 집중되어 있었으므로 나는 그의 드림 보드가 스포츠와 연관된 이미지로 가득할 거라고 생각했다. 하지만 거기에는 목제 가구 사진이 여러 장 붙어 있었다. 작은 장식장에서 침대 프레임, 식탁에 이르기까지 종류도 다양했다.

줄리가 붙인 이미지는 하나같이 깔끔하게 정돈된 집을 보여주었다. 전문직에 종사하는 아름답고 매력적인 남자와 여자가 함께 꾸려나가는 가정집 사진들이었다. 드림 보드 중앙에는 커다란 식탁 사진이 붙어 있었다. 그 사진은 그들 세 식구가 '진짜 가족'처럼 함께 식사하고 싶은 열망과 그녀가 실제로 새 식탁을 원하고 있다는 사실을 나타냈다.

목제 식탁은 줄리와 마크의 드림 보드에 공통으로 들어 있는 유일한 물건이었다. 그리고 나는 그 물건이 어느 정도 해결책 역할을 해야 한다는 것을 알았다.

나는 두 사람의 드림 보드를 자세히 보았고, 그들과 함께 지하실을 둘러보았다. 거기에는 마크가 받은 트로피가 전부 진열되어 있었다. 마크는 우리에게 특별한 것, 중요한 어떤 것을 보여주고 싶어 했다. 그게 무엇일까? 나는 빛나는 은제 트로피와 금제 트로피가 층층이 놓인 공간을 보았다. 야구 선수가 작은 배트를 들고 막 휘두르려고 하는 청동상도 있었다. 잠시 후, 나는 그 너머를 보았다. 아니 그 아래를 보았다는 말이 정확할 것이다. 내가 정작 관심을 보여야 했던 것은 따로 있었다. 그 트로피가 진열된 선반은 보기 드물게 근사하고 반들반들 윤이 났다.

"선반이 정말 아름답군요." 나는 마크에게 말했다. 그의 얼굴이 환하게 빛이 났다. 상상도 못 한 일이었다.

"마크가 만든 거예요." 줄리가 말했다.

"정말이에요?"

놀라는 나를 마크는 차고로 데려갔다. 거기에, 그들의 자동차 옆에 마크의 작은 작업실이 차려져 있었다. 몸을 움직이기도 힘든 비좁은 공간에서 녹슬고 오래된 도구를 가지고 마크는 그 아름다운 선반을 만든 것이다.

"마크는 항상 여기에 틀어박혀 있어요. 항상 뭘 만들고 고쳐요." 줄리가 말했다.

나는 무척 놀랐다. 앞선 세 단계를 거치는 동안 아무도 내게 이 작업실에 대해 언급하지 않았다. 평가 단계에서 우리는 당연히 차고에도 들어왔다. 하지만 대형 스테이션왜건이 안쪽에 주차되어 있어서 그 작은 작업실은 보이지 않았다. 그리고 내가 수많은 질문을 했음에도 마크의 목공 재능은 그 작업실처럼 깊이 숨어서 드러나지 않았다.

나는 속으로 생각했다. 여기야, 바로 여기에 열쇠가 있어.

마크의 영혼의 공간을 창조하는 과정에는 차고를 제대로 된 작업실로 바꾸는 것이 필수적이었다. 그럼으로써 그의 창의성이 만개할 수 있을 터였다. 그곳에서 마크는 고장 난 물건을 고치고 장식장과 가구 등을 만들 수 있었다. 그가 속으로만 품고 있던 중요한 꿈이 겉으로 드러났다. 드림 보드 덕분이었다. 마크는 자신을 감동시키고 열정을 자극하는 이미지로 드림 보드를 가득 채웠다. 그것을 통해 우리는 그 이미지들을 조합해서 그의 새로운 꿈을 알아낼 수 있었다. 마크에게 가장 필요한 것은 체육실을 만들거나 뒤뜰에 농구대를 설치해서 과거의 꿈을 다시 좇는 것이 아니었다. 그에게는 차고를 작업실로 바꾸는 것이 가장 절실했다. 그곳에서 그의 새로운 꿈은 결실을 맺을 수 있을 터였다.

당신만의 드림 보드는?

당신의 가장 간절한 꿈은 무엇인가? 그 꿈속에서 당신은 누구인가, 무슨 일을 하는가, 무엇을 소중히 여기는가, 무엇에 열광하는가, 누구와 함께 시간을 보내는가? 그 꿈속에서 당신은 섬에 혼자 살고 있는가? 대도시 한복판의 고층 빌딩에서 사는가? 가족과 많은 시간을 보내는가? 자신의 업무에 더욱 열중하는가? 은행을 그만두고 훌라 댄서가 되는가? 심리학자를 포기하고 소방관이 되는가? 콜로라도를 떠나 캘리포니아로 가는가? 캘리포니아를 떠나 뉴욕으로, 뉴욕을 떠나 사하라로 가는가?

지금 나는 당신의 영혼을 표현하고 그 영혼의 여행을 보여주는 꿈에 대해 말하고 있다. 당신이 추구해야만 하는 꿈, 억지로 강요되는 꿈을 말하는 게 아니다. 당신이 항상 품고 있는 꿈이 당신의 진정한 꿈이다. 꿈을 알아내는 여행은 그 꿈을 달성하는 것 못지않게 크나큰 충족감을 준다.

진정한 꿈을 알아내는 것은 때때로 당신의 인생을 완전히 뒤바꿀 것을 요구한다. 때로는 대도시 원룸을 햇빛이 풍부한 시골집처럼, 또는 샌프란시스코의 연립주택을 맨해튼의 호화 아파트처럼 느껴지게 도와줄 단서를 찾을 것을 요구한다.

당신의 꿈은 당신 개인의 꿈이다. 지문과 똑같이, 그 꿈은 오직 당신만의 것이다. 드림 보드도 마찬가지다. 당신의 드림 보드는 당신의 소망과 희망과 욕구를 반영해야 한다. 당신을 향한 다른 누군가의 꿈이나 소망을 반영해서는 안 된다.

드림 보드를 만들려고 할 때 중요한 것이 있다. '말이 되는' 것에 매이지 말고 마음을 내려놓고 충동과 느낌에 손을 내밀어라. 당신을 매혹하는 것을 찾아라. 이미지든 단어든 구절이든, 왠지 끌리는 것, 당신의 내면에서 '맞아, 이거야'라고 말하는 것을 찾아라. 마음의 표층 아래로, 가장 쉽게 떠오르는 생각 아래로 깊이 들어가라. 그리하여 당신이 충동적으로 '맞아, 이거야'라고 말하는 순수한 대상에 손을 내밀어라. 명상을 하듯이 드림 보드를 만들어라. 그러면 당신은 그냥 저절로 손을 내밀고, 마음은 그 흐름에 따라 움직일 것이다. 당신 자신을 믿어라. 이야기를 지어내지 마라. 이미지들이 당신을 위해 이야기를 지어내게 두어라. 내 말을 믿어라. 당신 마음속에는 당신이 들어주길 원하는 이야기가 이미 존재한다.

드림 보드 재료

잡지가 많이 필요하다. 디자인 잡지나 그 밖의 각종 잡지를 모아라. 당신 개인의 사진이나 당신이 아주 좋아하고 당신을 정말로 매혹하는 색깔이나 질감의 헝겊 조각을 사용하고 싶을 수도 있다. 당신이 원하는 드림 보드의 종류와 형태에 따라 다양한 재료가 추가로 필요하다. 반드시 보드여야 할 필요는 없다. 경우에 따라서는 바인더 또는 상자, 책의 형태로도 만들 수 있다. 이미지를 진열해도 좋고, 물건 대신 디지털 파일이 드림 보드가 될 수도 있다. 당신에게 딱 맞게 느껴지는 것이 딱 맞는 것이다.

- **보드** 딱딱한 폼 보드나 포스터 보드, 코르크 보드를 사용해서 보드를 만들 수 있다. 풀이나 고무 접착제, 테이프, 마커나 페인트도 필요하다. 보드에 테두리를 둘러도 좋고 테두리가 없어도 괜찮다. 다시 말하지만, 당신에게 가장 도움이 되는 것이 가장 효과적이다.
- **바인더** 바인더를 만들기 위해서는 홀 펀처와 여러 개의 폴더를 비롯해서 종이, 풀, 테이프 등이 필요하다.
- **상자** 뚜껑이 있는 튼튼한 상자가 적당하다.
- **책** 표지가 두꺼운 일반 노트를 사용해서 휴대 가능한 드림 보드를 만들어도 좋다. 그러면 가방에 넣거나 자동차에 보관할 수 있다.
- **진열** 빨랫줄과 집게를 구해서 방에 줄을 매달고 당신이 고른 이미지들을 걸어도 좋다. 또는 창의력을 발휘해서 드림 보드를 진열하기 위한 다른 방법을 궁리해보라.
- **디지털 드림 보드** 첨단 기술을 이용해서 디지털 드림 보드를 만들어라. 그러면 당신에게 영감을 주는 이미지들을 모니터상에서 계속 섭할 수 있다. 잡지나 사진의 이미지를 저장하고, 아이포토나 피카사, 포토샵 같은 프로그램을 이용해 편집하라.

나만의 드림 보드 만들기

조용한 공간에서 당신이 구한 재료들을 전부 펼쳐놓아라. 무엇을 만들고 싶은지 잠시 생각하라. 앞으로 만들 드림 보드를 통해 당신은 자신의 영혼이 열망하는 것을 자신의 공간에서 항상 접촉해야 한다. 지금껏 모은 각종 잡지를 획획 넘기면서 당신을 감동시키는 이미지와 단어와 구절을 잘라내라. 당신이 고른 자신의 사진과 헝겊 조각들 위에 그것을 얹어라. 그 더미가 어느 정도 커지면 거기에 쌓인 것을 다시 살펴보면서 하나씩 평가하라. 각 이미지나 단어가 깊은 수준에서 당신의 마음에 실제로 와 닿는지 여부를 알아보라. 절실하게 와 닿지 않는 것은 없애라. 당신의 감정과 열정을 완벽하게 반영한다고 느껴지는 이미지를 골라내라. 골라낸 그 이미지들이 당신의 드림 보드 위의 어느 자리에 속하는지 느껴보라. 바로 그 자리에 그 이미지를 배열하라. 그 이미지를 어디에 배열해야만 하는지를 생각하지 마라. 드림 보드 위에 이미지와 단어를 배열할 때는 직감이 당신을 이끌게 하라. 완성된 드림 보드가 중요한 어떤 것을 당신에게 보여줄 거라고 믿어라. 보드나 바인더, 책의 형태로 드림 보드를 만들고 있을 경우, 이미지를 배열한 후 접착제로 붙여라.

드림 보드를 일단 완성했다면 뒤로 물러나서 그것이 당신에게 무엇을 알려주려고 하는지 알아보라. 특정 색깔이 우세한가? 특정 스타일이 지배적인가? 당신이 추구한 적이 없는 꿈이나 열망을 반영하는가?

이 드림 보드를 당신이 자주 볼 수 있는 곳에 놓아라. 그러면 그것은 당신에게 영감을 주고 당신의 영혼이 진실로 무엇을 원하는지를 상기시킨다.

커플을 위한 드림 보드

연인이나 배우자와 살고 있는 공간을 함께 창조하고 있는 사람은 공동 드림 보드를 만들고 싶을 것이다. 그에게 당신이 고른 이미지들의 의미에 대해 설명하라. 이것은 당신이 품은 꿈을 그가 이해하고 숙고하게 해주는 훌륭한 방법이다. 이와 마찬가지로, 연인이 고른 이미지를 통해 당신도 그의 꿈을 이해할 수 있다.

꿈을 응원하는 공간을 만들기

진정한 꿈을 찾아냈다면 그것을 현실로 만드는 작업을 시작하라. 새로 꾸민 공간에서 당신은 무엇을 하고 싶은가? 당신이 만든 드림 보드와 앞서 연습 중 '당신의 꿈을 알아내라'(142쪽)에서 작성한 목록을 보라. 이제 그 이미지와 아이디어와 패브릭과 색깔을 꿈을 당신의 영혼의 공간을 창조하는 계획에 포함해야 한다. 다음 아이디어를 참고해 당신의 가장 간절한 꿈을 이루기 위해 당신의 공간에 적용할 수 있는 방법을 강구하고 적어보라.

- ▶ 목공의 거장이 되기를 꿈꾸는가? 목공 작업을 하고 도구를 안전하게 보관할 수 있는 공간을 만드는 데 초점을 맞춰라.
- ▶ 뛰어난 요가 수행자가 되기를 꿈꾸는가? 요가 매트를 펼칠 수 있는 조용한 공간을 마련하라.
- ▶ 수석 요리사가 되기를 꿈꾸는가? 조리 도구를 완비한 잘 정돈된 부엌을 만들어라.
- ▶ 세상에서 가장 큰 호박을 키우기를 꿈꾸는가? 작은 텃밭을 만들거나 채소 심을 상자를 놓을 공간을 마련하는 데 치중하라.

- ▶ 자기 사업을 하기를 꿈꾸는가? 당신이 생산적으로 일하고 전문가라고 느낄 수 있는 편안한 공간을 마련하라.
- ▶ 일류 사진작가가 되기를 꿈꾸는가? 당신의 작품을 전시하라. 사진 관련 소프트웨어를 구입하거나 암실을 만들어라.

당신의 새로운 인생이 실현되는 꿈을 꾸어라! 당신의 열정을 응원하는 공간을 창조함으로써 그 열정을 추구하라.

당신의 영혼을 감동시키는
물건을 찾으라.

여행에서 진정한 발견은 새로운 풍경을 찾을 때가 아니라
새로운 눈으로 바라볼 때 가능해진다.

— 마르셀 프루스트(Marcel Proust)

발견하라

진정한 발견을 위한 당신의 여행은 지금 시작되는 것이 아니다. 그 여행은 당신이 어렸을 때, 세상을 최초로 느낀 순간에 이미 시작되었다. 당신이 특히 좋아하는 물건이 있고 자꾸 먹고 싶은 맛이 있으며 어떤 장난감은 꼭 갖고 싶지만 어떤 것은 내버리고 싶다는 걸 깨달았을 때 그 발견 여행은 시작되었다. 당신이 어떤 것을 유난히 좋아하고 초콜릿 맛보다 바닐라 맛을, 블루베리보다 딸기를, 나무 블록보다 레고를 좋아한다는 것을 아는 순간, 그 여행은 시작되었다. 그때 당신은 자신에게 꼭 맞는 것을 발견하는 힘을 훈련하기 시작했다.

  발견은 제대로 활용되지 않는 우리의 면면을 보완하고 성장시키는 물건을 저 바깥세상에서 찾아내는 것과 관계가 있다. 겉으로 끄집어내기를 원하는 자신의 숨겨진 면에 자양분을 제공할 물건을 찾아내야 한다. 사람들이 '나를 발견했다'고 말할 때 그 말은 주로 자신에게 아주 자연스럽고 당연하게 느껴지는 새로운 어떤 것을 발견했다는 뜻이다. 이미 접한 적이 있는 특정 주제나 음악 장르, 건축양식 등이 어느 순간 새롭게 보이고 자신에게 꼭 맞는다고 느껴지기도 한다. 세상 속으로 과감하게 들어가고 자신이 평소에 가지 않는 장소에 있을 때 물건들이 당신에게 말을 걸기 시작한다. 그런 경험을 나는 수없이 해왔다. 내가 단지 마음을 열고 가능성을 수용할 때 물건들이 제 존재를 내게 알려준다. 내가 물건을 발견하는 게 아니라 물건이 나를 발견하고 있는 것 같았다.

발견 단계는 앞선 꿈 단계를 토대로 행해지며 당신이 자신의 꿈과 충동을 신뢰하도록 격려한다. 지금 살고 있는 도시의 정반대 지역에 가보고 싶다면 그 충동에 따르라. 그 낯선 곳에서 당신의 새로운 일면이 당신을 기다리고 있을지도 모른다.

발견 단계에서는 우리가 자신의 꿈을 기억하고 실제 물건을 통해 그 꿈을 일상에 통합하는 것이 중요하다. 우리의 참모습을 상기시키는 물건을 만지고 간직하고 자동차에 놓고 침실이나 부엌, 거실, 정원에 놓아서 자신의 꿈을 일상생활에 포함해야 한다. 발견은 뜻밖의 물건이 솔 메이트라는 것을 알아보는 것과 관계가 있다. 즉 어떤 물건―나무 그릇이나 묵직한 금반지―을 집어든 순간 일종의 데자뷰를 경험한다. 당신은 그 그릇을 집에 두거나 그 반지를 매일 껴야 한다.

예전에 나는 점심을 먹은 후 그 음식점 바로 옆에 있는 크리스털 원석 매장을 둘러본 적이 있었다. 그때까지 나는 내 인생에 크리스털 원석이 필요하다는 것을 알지 못했다. 참으로 아름다운 자수정 원석과 석영 원석을 손으로 만졌을 때에야 그게 내 솔 메이트라는 것을 알아보았다. 집에 있을 때 내가 대지와 연결되는 느낌을 더 많이 원한다는 것을 그제야 깨달았다. 크리스털 원석을 만졌을 때 나는 연결되는 느낌, 대지와 하나가 되는 느낌으로 충만했다. 나는 크리스털 원석을 몇 개 사와서 집 안에 놓았다. 그 물건들은 내가 이 지구와 연결되는 시간을 가져야 한다는 것을 매일 상기시킨다.

발견의 두 종류

진정한 영혼의 공간은 의도와 우연을 둘 다 포함한다. 의도적인 계획과 마법 같은 우연이 아름답게 공존하는 곳이다. 때때로 우리는 자신이 무엇을 원하는지 정확히 알고 있고 그 물건을 의도적으로 찾아낸다. '나는 식탁이 하나 필요해'라는 것을 알고 알맞은 식탁을 찾는 것이다. 때로는 우연히 본 어떤 것이 우리의 열망을 자극해서 그 충동을 따를 수밖에 없다. '저 꽃 정말 예쁘다! 저건 꼭 사야 해!'가 그 예다. 의도와 우연, 이 두 가지 요소를 반영해서 당신이 공간을 꾸미도록 돕기 위해 발견 단계를 두 종류로 나누었다. '의도적 발견'과 '우연한 발견'이 그것이다.

의도적 발견

현실을 높이 솟구치는 상상과 연결할 때 일상은 평범한 것에서 비범한 것으로 상승한다. 그리고 꿈은 현실에 굳게 발을 디디어서 결코 이리저리 떠돌지 않고 곧장 목적지에 이른다. 발견 단계에서는 이전 단계에서 알아낸 꿈에 대해 숙고하고 그 꿈을 이루는 방법을 찾아낼 것이다.

꿈 단계에서 당신은 비좁고 어두운 원룸을 둘러보며 '유리 궁전에서 사는 게 소원이야'라고 생각했는가? 그렇다면 이제는 그 생각을 이렇게 바꿔라. "빛이 잘 드는 밝은 곳에서 살고 싶어." 자신에게 필요한 것은 유리 궁전이 아니라 더 많은 빛이라는 것을 깨달음으로써 발견 단계를 통해 램프와 샹들리에, 밝은색 커튼과 거울을 찾아낼 수 있다. 작은 공간으로 흘러드는 빛의 양을 늘려주거나 증폭시키는 물건을 발견하는 것이다. 이 단계에서 눈부시게 아름다운 샹들리에를 발견할지도 모른다. (설치를 걱정하고 실용적인 행동을 고려하는 것은 다음 창조 단계의 일이다.)

서재 구석에서 작업하는 게 불만이어서 '일층 전체를 내 작업실로 바꾸고 싶다'고 결정했는가? 그렇다면 이제는 남편에게 거실과 부엌과 서재를 포기할 수 있는지 묻거나 그 소망을 '깔끔하고 그럴듯한 공간에서 전문가답게 일하고 싶다'로 바꿔야 한다. 자신에게 필요한 것이 잘 정돈된 널찍한 작업 공간이라는 것을 깨달음으로써 접뚜껑과 책꽂이가 딸린 책상을 발견하는 데 중점을 둘 수 있다. 아니면 친구들을 주로 밖에서 만나서 거실은 별로 쓸모가 없고 서재는 자주 사용하므로 그 두 공간을 합쳐도 된다는 것을 깨달을지도 모른다. 그렇게 거실을 서재로 통합함으로써 서재에서 여유롭게 작업할 수 있을 것이다.

맛있는 요리나 달콤한 파이를 꿈꾸며 '직장을 그만두고 요리 학교에 다닐 수 있다면 얼마나 좋을까'라고 생각했는가? 그렇다면 입학 원서를 내보든가 아니면 그 생각을 이렇게 바꿔라. '부엌을 잘 꾸며서 요리에 대한 열정을 여기 내 집에서 발휘하고 싶어.'

꿈을 집 안에서도 추구할 수 있다는 것을 깨달으라. 학자금을 대출

받거나 직업을 바꾸지 않아도 된다. 물론 당신의 마음이 진정으로 원한다면 사표를 내고 요리 학교에 등록하라고 나는 당신을 적극 격려할 것이다. 하지만 이제는 집에서도 꿈을 추구할 수 있음을 깨달음으로써 당신은 자신의 꿈을 일상에 통합하고 실현할 수 있다. 당신이 해야 할 일은 질 좋은 조리 도구와 훌륭한 요리 책과 전문 요리 재료를 모으고 한가한 일요일 오후를 부엌에서 보내는 것이다.

의도적 발견이란 당신이 좋아하고 당신의 꿈을 상기시키는 물건을 찾아내는 것이다. 그 아름다움에 당신이 크게 감동하는 물건을 공간 곳곳에 놓아두는 것이다. 내 집의 식당에는 〈인류의 화합〉이라는 제목의 유화 작품이 걸려 있다. 나는 화가의 능숙한 붓 터치, 그 풍부한 질감과 그 그림이 벽에 걸려 있는 방식을 무척 좋아한다. 하지만 그 그림을 볼 때 떠오르는 느낌과 생각도 좋아한다. 우리가 이 세상에 존재하는 이유는 각자 제 역할을 다해서 온 인류가 사이좋게 지낼 수 있도록 하기 위해서다. 이 생각은 내가 내 길을 가는 내내 항상 나를 이끌어주는 힘이었다. 내가 그 유화를 고른 이유는 그 작품이 그 생각을 표현하고 내게 실제로 중요한 것을 일깨워주기 때문이다. 발견 단계에서는 당신이 되고 싶은 모습을 반영하는 물건이나 당신이 배우고 익히고 싶은 존재 방식을 구현하는 작품을 찾아라.

카리브해 연안 여행을 가장 좋아하는가? 그러면 그곳에서 한 행복한 경험을 일깨워줄 물건을 어떻게 발견할 수 있을지 생각해보라. 스노클링을 정말 좋아하지만 일 년에 한 번밖에는 갈 수 없는가? 저기 어딘가에서 아름다운 수족관이 당신이 찾아오기를 기다리고 있을지 모른다.

2장 미래를 표현하기 159

아니면 그 물건이 제 존재를 당신에게 알려줄 수 있도록 마음을 열라.

우연한 발견

이 단계에서 당신은 크리스토퍼 콜럼버스와 비슷하다. 꿈꾸기만 하던 신세계를 향해 돛을 올리고 망망대해를 가로지른다. 그는 전혀 예상하지 못한 곳에 이르렀고, 인류 역사의 완전히 새로운 무대가 펼쳐졌다. 저 밖에서 어떤 신세계가 당신을 기다리고 있을까? 이 단계를 이용해 당신의 꿈을 반영하는 물건을 영혼의 공간에 놓아둠으로써 그 꿈을 이루어라.

영혼의 공간을 창조하는 과정을 통해 자기 자신에 대해 많은 것을 알아냈고, 자신이 무엇을 발견해야 하는지 틀림없이 알아챘을 것이다. 이 정보로 무장하고 상상력을 길잡이로 삼아 당신은 미지의 세계를 탐험할 수 있다. 종종 사람들은 특정 스타일이나 특정 종류의 상점에 스스로를 국한한다. 그 스타일이나 상점에 익숙하기 때문이다. 다른 스타일을 접한 적이 없기 때문에 그들은 그 특정 스타일에 갇혀 있다. 이 단계에서는 당신이 평소에 가지 않는 지역의 상점과 낯선 것들을 열린 마음으로 받아들이라. 단순하고 현대적인 디자인을 선호하는가? 골동품 상점에 들어가서 그 옛날 누군가가 증기선을 타고 영국에서 가져온 고풍스런 궤짝이 당신 마음에 드는지 알아보라. 육중한 목제 앤티크 가구를 선호하는가? 그렇다면 동네에 있는 가구점에 들어가서 빨간 래커를 칠한 궤짝이 당신의 고상한 공간에 생기를 부여하는지 알아보는 건 어떤가? 빈티지 가게, 중고품 가게, 벼룩시장, 중고품 매매 사이트, 에

스테이트 세일(estate sale : 가족이 사망한 후 유가족이 고인의 물건을 처분하는 세일) 등, 다양한 물건들이 선택되기를 기다리고 있는 곳에 가보라.

우연한 발견은 저 바깥세상에서만 일어나는 게 아니다. 이 단계에서는 당신 공간에 있는 익숙한 물건들을 항상 새로운 눈으로 봄으로써 그것을 활용할 새롭고 기발한 방법을 발견하는 것도 중요하다. 식탁 의자가 침실에 완벽하게 어울릴까? 당신이 좋아하는 오래된 기타의 줄을 새로 갈아서 딸에게 코드 몇 개를 가르칠 수 있을까? 아니면 놀이방에 장식품으로 걸어놓을 수 있을까? 당신의 소유물 중에서 더 많이 또는 더 낫게 또는 다르게 활용할 수 있는 물건은 무엇인가?

마우이섬의 사유지를 개조하느라 건물을 허물었을 때 우리는 수조를 하나 발견했다. 1909년에 그곳에 설치된 오래된 수조였다. 우리는 그 수조를 건물 잔해 밖으로 꺼내서 옆면이 밑으로 가게 돌려놓았다. 나는 그 수조를 대형 식탁의 상판 받침으로 써야 한다는 것을 깨달았다. 어떤 물건이 어떤 용도로 쓰일 수 있는지는 아직 아무도 모른다.

의도적 발견의 예

앞에서 소개한 레이첼을 기억하는가? 출판 에이전시 경력을 쌓고 있었으므로 그녀는 도시를 떠날 수가 없었다. 또한 자신이 갈망하는 균형을 제공해줄 시골집을 마련할 여유도 없었다. 발견 단계에서 레이첼과 나는 실외를 실내로 들여놓는 데 중점을 두었다.

우리에게는 공간과 예산이 한정되어 있었다. 레이첼은 마음을 열고 도시 생활에 상쾌하고 한가하고 자연과 연결되는 느낌을 줄 수 있는 온갖 아이디어를 탐구했다. 그녀는 농장과 식물, 산과 해변을 모두 좋아했으므로 우리는 활용할 수 있는 게 많았다. 온두라스로 여행을 떠날 예정이던 레이첼은 곧 있을 그 여행에 대한 기대로 몹시 흥분했다. 때문에 나와 함께 벼룩시장을 구경할 때 아주 신나게 이것저것 둘러보았다.

의도적 발견의 일환으로 우리는 창가에 놓는 화분 상자를 구입했다. 그 상자에 식물을 가득 심어 창가에 놔두면 그 푸른 잎들 덕분에 자동차와 거리와 건물이 보이는 전망이 훨씬 호전될 터였다. 우리는 잎이 무성하고 관리하기 쉬운 식물을 골랐고 다육 식물도 하나 샀다. 레이첼은 그 다육 식물이 자기에게 말을 거는 느낌이 든다고 했다. 창조 단계에서 우리는 허브 화분도 몇 개 골랐다. 그럼으로써 레이첼은 그 작은 정원에서 직접 딴 맛과 향을 요리에 더할 수 있었다. 차이브와 바질과 민트가 그녀의 열망에 딱 들어맞았다. 발견 단계에서 우리는 거실 창문 바로 옆 벽에 걸 수 있는 대형 거울도 찾아냈다. 아침 햇살이 비스듬히 비쳐 들 때 그 거울은 햇빛을 반사해 거실을 환하게 만들어줄 수 있었다.

프린트 숍에서 우리는 해안 장면을 찍은 큰 사진을 두 장 발견했다. 하나는 해돋이를 구경하는 사람들이 해안과 모래밭에 빼곡하게 들어찬 사진이었다. 다른 한 장은 아무도 없는 해안 사진으로 앞에는 푸른 바다가 드넓게 펼쳐져 있고 멀리 보이는 모래밭을 등지고 하얗고 근사한 나무들이 줄줄이 늘어서 있었다. 배에서 찍은 사진 같았다. "어느 것을 갖고 싶어요?" 내 물음에 레이첼은 즉시 대답했다.

"저는 하루 종일 사람을 상대해요. 아무도 없는 해변이 좋아요. 저걸 집에 걸어놓고 내가 저기에 있다고 느끼고 싶어요."

우연한 발견의 예

우연한 발견 단계에서 우리는 둥근 어항을 보고 레이첼이 미소 짓는다는 것을 알아차렸다. 그녀는 초등학교에 다닐 때 이후로는 물고기를 키워본 적이 없다고 말했다. 이제 물고기를 다시 키울 때가 된 모양이었다. 레이첼이 물고기를 사지 않는다면 그 둥근 어항은 꽃병이나 테라리움 용기로 재활용될 수도 있을 터였다.

우연한 발견 단계 덕분에 우리는 또한 레이첼의 공간을 새로운 방식으로 볼 수 있었다. 그녀의 집 현관 천장에는 채광창이 하나 있었지만 집주인이 오래전에 판자로 막았다. 레이첼은 주인에게 그 창을 원래대로 수리해줄 수 있는지 묻기로 했다. 그리고 주인이 수리해주지 않겠다고 하면 자신이 기꺼이 돈을 들여서 원래대로 고치겠다고 생각했다. 집주인은 같은 층의 다른 집도 임대하고 있었고, 그곳 채광창도 판자로 막혀 있었다. 때문에 그는 두 곳의 채광창을 자비로 고쳐주기로 결정했다. 집 안을 돌아다닐 때마다 레이첼은 그 채광창으로 흘러드는 햇빛을 즐기며 상쾌하고 한가로운 기분을 만끽했다. 그 집에서 가장 작고 가장 어두운 부분이 레이첼이 하늘을 볼 수 있는 곳으로 바뀌었다.

이 변화에 힘입어 그녀는 인생의 다른 영역에서도 더욱 밝아졌다. 두 주 후에 레이첼의 전화를 받자마자 나는 그것을 알았다.

"여행은 어땠어요?" 내가 물었다. "굉장했어요!" 레이첼이 말했다. "여행 내내 야외로만 돌아다녔어요! 제가 뭘 샀는지 한번 맞춰보세요. 해먹을 샀어요. 거실 모퉁이에 의자를 놓지 않고 그걸 걸어둘 거예요. 이상해 보일지도 모르지만 상관없어요! 그리고 스노클링을 정말 많이 했어요! 아주 예쁜 열대어를 몇 마리 살 거예요."

나는 레이첼에게 크게 감탄했다. 그녀는 여행 중에도 발견 단계를 지속했다. 이제 열대어가 헤엄치는 어항을 보거나 해먹에 누워 흔들릴 때마다 레이첼은 야외에서 지내는 한가한 느낌을 즐길 뿐만 아니라 온두라스의 바다와 육지에서 얻은 굉장한 경험을 기억할 터였다.

당신에게 필요한 도구를 찾으라

사람들이 발견 단계에서 찾아야 할 물건은 각자의 드림 보드만큼이나 각양각색이다. 레이첼에게 필요한 '도구'는 식물과 해먹, 해변 사진처럼 아주 간단한 것들이었다. 레이첼은 스트레스가 많은 직업에 종사했고, 단순히 한가한 느낌을 원하고 있었다. 마크는 완전히 다른 욕구를 갖고 있었다. 꿈 단계에서 그는 차고 구석에 마련된 작은 작업 공간이 자신의 영혼의 공간의 중요한 일부라는 것을 깨달았다. 발견 단계에서 그가 찾아야 할 '도구'는 말 그대로 목공 도구였다.

당신에게 필요한 도구는 카약일 수도 있고 마들렌 팬이나 피아노, 재봉틀, 스케이트일 수도 있다. 편히 쉴 수 있는 소파, 사생활을 지켜주는 나무들, 작은 수영장, 새로운 은그릇, 앤티크 램프, 두툼한 벨벳 커튼, 실내용 자전거, 산악자전거 랙, 악기점에서 제일 비싼 우쿨렐레가 당신의 도구일지도 모른다.

마크는 작업대와 목공 도구를 이미 갖고 있었다. 하지만 자세히 들여다보니 그 품질이 매우 조악했다. 그는 자신의 '취미'를 진지하게 여긴 적이 없었기 때문에 자신의 도구와 작업 공간을 진지하게 여기지 않았다. 하지만 그가 만든 가구는 그 품질이 대단히 우수했다.

꿈을 추구하는 것에 투자하라

꿈 단계에서 마크는 자신이 오랫동안 마음속에 품은 꿈이 작업실이라는 것을 마침내 알아냈다. 하지만 그가 작업실에 실제로 투자하기로 결심하기는 쉬운 일이 아니었다. 발견 단계에 들어서고도 처음에 마크는 시큰둥하고 소극적이었다. 그는 자신이 쓰고 있는 싸구려 목공 도구를 돈 들여서 바꾸는 것을 원치 않았다. 자신의 꿈에 전적으로 열중하지 않았다. 그 꿈을 추구할 때 들어갈 비용 때문이었다. 충분히 이해할 수 있었다. 줄리가 치과 의사로 일하면서 가족을 혼자 부양하고 있었으므로 단지 '좋은 망치를 사게' 돈을 달라고 줄리에게 요구하고 싶지는 않다고 마크는 말했다. 하지만 한편으로 그는 자기 자신과 자신의 잠재력을 진지하게 수용해서 그 작업실을 사무실로, 훈련장으로, 자신과 가족의 미래를 건설할 공간으로 간주할 수 있어야 했다.

가족회의에서 마크는 마음을 터놓고 줄리에게 이야기했다. 과거에 변변찮은 직업을 전전할 때 자신이 얼마나 비참했는지, 지난 실패를 만회하기 위해 돈을 요구하기로 결심하기까지 얼마나 많이 고민했는지 솔직히 털어놓았다. 줄리는 마크에게 그를 믿고 그의 꿈을 믿는다고 말했다. 그리고 그가 번듯한 작업실을 장만해서 정말로 생산적인 일을 하며 살 수 있으면 좋겠다고 했다. 아들 스테판은 여름에 아르바이트를 해서 모은 돈을 아빠에게 주고 싶다고 말했다.

줄리는 수입이 많았기 때문에 그들 부부가 스테판의 저금까지 쓸 필요는 없었다. 하지만 가족의 환영과 응원을 보며 마크는 자신의 꿈을 위해 그들의 돈을 쓰는 것이 그들에게서 일방적으로 받는 게 아니라는 것을 알았다. 새로운 직업에서 성공할 경우, 그는 자신이 상상하는 것보다 훨씬 많은 것을 가족에게 줄 수 있을 터였다. 이 자신감 덕분에 그는 발견 단계와 창조 단계를 단번에 통과했다. 그는 가족의 돈을 이용해서 매우 전문적인 목공 작업실을 만들었다.

마크는 미래에 대한 기대로 흥분했고, 새로운 작업실을 어떻게 만들지에 대해 이야기할 때는 얼굴이 환하게 빛났다. 이런 남편의 모습에 줄리는 15년 전에 자신이 결혼한 남자, 자기 능력과 가치를 잘 알고 있는 남자를 떠올렸다. 직접 만든 가구를 자랑하는 아빠를 보면서 스테판은 지금껏 한 번도 만난 적이 없는 아빠와 처음 대면하는 느낌이었다. 자신이 엄마와 함께 1층에서 저녁을 먹을 때 지하실에서 혼자 맥주를 마시며 텔레비전을 보는 우울한 아빠와는 전혀 딴판이었다.

1년이 지나서 그들의 집을 찾았을 때 나는 아름다운 식탁을 보았다. 닳고 닳은 오래된 식탁이 있던 자리에 단순하고 소박한 모양의 식탁이 놓여 있었다. "마크가 만들었어요." 자랑스러움이 가득한 눈으로 줄리가 말했다. 그들 가족과 그들의 성공적인 영혼의 공간을 보았을 때 나는 나 자신이 무척 자랑스러웠다. 줄리는 꿈꾸던 식탁을 가졌고, 스테판은 꿈꾸던 이층 침대를 가졌다. 차고에서 마크가 직접 만든 것들이었다. 그는 식탁을 다섯 개 만들어 납품하기로 가구 회사와 이미 계약을 맺었다.

꿈 단계와 발견 단계는 마크가 열정을 되찾게 도와주었다. 그럼으로써 그는 창조 단계에 실제로 열중할 수 있었고, 창조 단계는 그의 자신감을 돋우고 그를 미래로, 가족에게로 이끌었다.

당신의 내면에는 어떤 열정이 살아 있는가? 종종 우리는 삶에 대한 열정을 차단하고 발견을 방해하는 환경에서 자동인형처럼 살아간다. 날마다 꿈꾸어라. 날마다 발견하라. 눈가리개를 벗어 던지고 주변을 자세히 둘러보라. 무엇을 원하는가? 무엇을 열망하는가?

당신은 누구인가?

물건의 형태에 구애받지 마라

디자인을 사랑하는 사람들은 '형태는 기능을 따른다'는 말을 많이 한다. 이 말은 물건의 모양은 그 물건의 예정된 용도를 토대로 만들어져야 한다는 뜻이다. 하지만 발견 단계에서 때때로 우리는 정반대되는 사실을 알아차린다. 즉 기능이 형태를 따른다는 것, 물건이 그 모양 때문에 애초에 의도되지 않은 용도로도 쓰일 수 있다는 것을 깨닫는다. 그 물건이 그렇게 만들어진 것은 의도한 게 아니라 우연이다. 기능이 형태를 따르게 놔두는 것은 묵살을 연습하는 것이다. 디자이너와 건축가, 제조자가 물건에 붙인 이름표를 묵살하고 그 물건의 형태가 당신의 생활환경에 어떻게 포함될 수 있는지 당신에게 직접 알려주도록 허락해야 한다.

소든 하우스를 꾸밀 가구와 장식을 고를 때 나는 몇 가지 물건은 아주 쉽게 결정했다. 거실의 양탄자, 침실의 램프 같은 것들이 그러했다. 하지만 어떤 것은 도저히 결정할 수가 없었다. 그중 하나가 식당에 놓을 식탁이었다. 나는 소든 하우스 전체를 내가 원하는 대로 완벽하게 꾸몄다. 하지만 식당에 식탁은 없었다. 그래서 칵테일파티는 실제로 자주 열었으나 내가 원하는 식사 초대는 그 공간에 이상적인 식탁을 발견할 때까지 무기한 연기되었다.

나는 손님방도 도통 마음에 들지 않았다. 그 공간을 나는 은은하고 차분하고 관능적인 은색으로 꾸미고 상당히 역동적으로 보이는 흑백 그림을 걸었다. 하지만 침대는 영 아니었다. 그 침대는 차분하고 관능적이었지만 은은하지 않았다. 빛이 나지 않았다. 나를 감동시키지 못했다. 나는 그 방에 자주 들어가지 않았고, 그곳에서 잠을 잔 적이 없었다. 손님방 앞을 지나갈 때마다 짜증이 났다. 따라서 내가 필히 발견해야 하는 물건은 두 가지였다. 식당에 완벽하게 어울리는 식탁과 손님방에 완벽하게 어울리는 침대.

당신의 공간에 가장 이상적인 물건을 찾으라

우리의 욕구는 그때그때 다르다. 마우이섬에 생활공간을 만들기 시작할 때 나는 임시로 사용할 견고하고 비싸지 않은 가구가 필요했다. 그래서 온라인 중고품 매매 사이트를 뒤졌다. 그곳에서 우리가 거주하는 방갈로와 하와이의 감성과 잘 어울리는 대나무 가구와 등나무 가구를 찾아보았다. 나는 완벽한 물건을 찾는 게 아니었다. 적당한 물건을 찾고 있었다. 자신에게 어떤 것이 필요한지 아는 것이 중요하다. 러시아 문학을 공부하느라 한 학기 동안 모스크바에서 살고 있는 사람에게는 완벽한 소파가 아니라 적당한 소파가 필요하다. 꿈꾸던 집을 꾸미는 중이고 예산이 충분하다면 부디 시간을 갖고 완벽한 것을 찾아라. 완벽한 물건이 당신에게 말을 걸어오는 순간이 있을 것이다.

소든 하우스를 꾸밀 때 나는 예산이 한정되어 있었지만 다른 물건에 쓸 돈을 식탁에 할당하기로 했다. 나는 완벽한 물건을 원했다. 식당을 돋보이게 해주면서 사람들이 함께 모여서 먹고 말하고 웃게 만드는 훌륭한 핑계가 되어줄 식탁을 원했다. 나는 내가 대단히 특이한 물건을 원한다는 것을 알았다. 그러므로 이탈리아 가구 카탈로그를 들춰보거나 최신 디자인 제품을 파는 LA의 유명 상점을 기웃거리지 않았다. 대신에 외진 곳에 있는 폐기물 창고와 그 근처 가게에 가서 영감을 얻을 수 있는지 알아보기로 했다. 나는 나무나 유리처럼 일반 소재로 만든 식탁은 결코 원치 않았다. 예술품 역할을 하면서 그 위에 컵과 접시도 놓고 팔꿈치도 괼 수 있는 것, 대화 소재가 되어줄 특별한 것을 원했다.

외딴 장소에 가고 엉뚱한 가게에 들어서는 것은 재미있는 아이디어로 이어질 수 있다. 나는 거대한 창고에 도착했다. 못 쓰게 되어 버려진 오만 가지 물건이 700여 평에 이르는 공간에 들어차 있었다. 그 물건의 엄청난 양에 기가 죽는 느낌이었다. 나는 심호흡을 했다. 그리고 천천히 걸으며 그냥 둘러본다면 믿을 수 없는 물건을 발견할지도 모른다고 속으로 말했다. 나는 우연한 발견물을 의도적으로 찾고 있었다. 어쩌면 의도적 발견물을 우연히 찾고 있었는지도 모른다. 어느 쪽이든, 요상한 쓰레기로 가득한 창고를 둘러보며 잠깐 시간을 보내는 것도 흥미로운 경험이 될 터였다. 그 창고는 박물관 같았다. 자수를 놓은 안락의자, 오래된 스테인드글라스, 주인의 혼백이 깃든 것처럼 보이는 체스 세트, 색색 유리 갓을 씌운 램프 등이 천지에 가득했다. 그리고 얼마 후, 나는 아름다운 청동 대문을 보았다. 그것에 마음을 완전히 빼앗겼다.

내 계획의 어느 것에도 대문은 필요하지 않았다. 하지만 나는 그 대문을 그냥 지나칠 수 없었다. 그 대문을 어떤 용도로든 사용할 수 있을 것 같았다. 하지만 어떤 용도로? 나는 그 물건에 대해 질문하기 시작했다. 저 대문은 어디서 왔을까? 어느 곳에 쓰인 걸까? 창고 주인도 대답을 알지 못했다. 나는 그 대문을 어떻게 보관하면 좋을지 궁리했고, 세우기보다는 뉘어서 보관하는 게 쉽겠다고 생각했다. 내 마음이 가능성을 향해 문을 열자 나는 그 대문을 새로운 눈으로 보았다. 그것은 그냥 대문이 아니었다. 미래의 식탁이었다. 오래된 청동에 생긴 푸르스름한 녹과 그 디자인은 내 식당에 완벽하게 어울렸다. 나는 그 대문을 절단해서 식탁으로 만들기 위해 금속 전문가에게 보냈다.

특이한 물건은 당신의 공간을 돋보이게 한다. 형태를 새로 디자인해서 새로운 용도로 쓰이는 물건은 훌륭한 대화 소재가 되고 원래의 물건을 완성한다. 각 공간마다 한 가지 대화 소재를 갖고 있는 게 이상적이다. 사람들의 질문을 반드시 끌어낼 색다른 물건이나 눈에 띄는 물건을 방마다 놓아라. 친밀감은 훌륭한 대화에서 싹튼다.

활용하고 재활용하라

나는 다른 폐기물 창고 매장에도 들렀다. 그곳에는 쓰고 남은 물건, 거부된 물건, 건물 잔해가 층마다 빼곡했다. 그 틈에서 나는 정말로 아름다운 건물 조각을 우연히 발견했다. 뉴욕 시의 오래된 주택 지붕에 있던 뻐꾸기 창으로 커다란 청동 창문이 달려 있었다. 1920년대에 지어진 건물의 잔해였다. 창틀의 녹과 그 모양이 내 마음을 사로잡았다. 그리고 그 건물 조각을 가져다가 내 집에 어울리게 새로 디자인해서 새로운 용도로 활용한다는 아이디어도 좋았다. 나는 그 뻐꾸기 창을 일단 샀다. 그 물건을 가지고 무엇을 할지 알아내는 것은 나중 일이었다. 어느 날, 나는 섬세하게 조각된 그 뻐꾸기 창을 재활용할 방법을 궁리하며 집 안을 돌아다녔다. 복도를 따라 걷다가 내 맘에 들지 않는 침대가 놓인 손님방을 지나갔다. 바로 그때, 퍼뜩 떠오르는 게 있었다. 그 뻐꾸기 창을 자르고 창문을 거울로 바꿔 끼운 다음에 판자를 덧붙여 다리를 달기만 하면 침대 머리 판으로 쓸 수 있지 않을까?

나는 우연한 발견물을 이용해 손님방을 흥미로운 공간으로 바꾸었고, 역사적 건축물 조각을 새로 디자인해서 그 방에 풍요와 깊이를 더했다. 그럼으로써 방을 하나 꾸미는 것 이상을 해냈다. 특별한 감동, 현실이 멈춘 느낌, 동화 속에서 사는 듯한 순간까지 창조한 것이다. 내 영혼의 공간에는 전형적인 물건이나 예상되는 물건이 차지할 자리가 없다. 어쨌든 나는 예상을 초월하는 디자인과 환상이 가미된 인생을 좋아한다. 물건을 영리하게 재활용하고 예상치 못한 용도로 쓰는 것을 좋아한다. 재활용은 환경에 이로운 습관일 뿐만 아니라, 내 경험에 따르면, 혁신적이고 아름답고 개성 넘치는 디자인의 열쇠 중 하나다.

발견 여행을 시작할 때는 당신이 평소에 다니던 길에서 벗어나는 것이 매우 중요하다. 그래야만 당신의 꿈과 우연히 찾은 물건을 하나로 결합하는 공간을 창조할 수 있다. 중고품 교환 장터, 가구점, 미술관, 앤티크 가게, 패브릭 가게에 가라. 발견 단계를 이용해 당신의 꿈을 현실로 옮겨놓아라. 이것은 영혼의 공간을 창조하는 과정의 핵심이며, 당신의 눈을 열어 뜻밖의 물건에 내재된 가능성을 보게 해준다. 물건을 발견하러 나갈 때 당신이 필요하다고 생각하는 것을 모두 적은 목록을 갖고 가라. 그리고 기억하라. 당신에게 가장 필요한 것이 무엇인지 분명하지 않을 때도 있다. 마음을 열라. 긴장을 풀고 느긋해지라. 그리고 당신의 꿈을 발견해서 집에 가져오기 위해 낯선 곳을 돌아다녀라. 이때 당신의 느낌이 길을 찾게 맡겨두어라.

발견 단계를 최대한 활용하는 법

발견 단계에서는 절대 서두르지 마라. 당신이 처음 본 램프, 점원이 맨 처음에 추천한 전동 드릴, 맨 앞에 전시된 나무 탁자는 발견의 시작일 뿐이다. 계속 둘러보라. 낯선 곳에 가고, 계속 전진하고, 뒤로 돌아가라. 시간을 충분히 갖고 당신에게 다정하게 말을 거는 물건을 찾아라. 기대에 못 미치는 물건에 만족하지 마라. 각 발견물은 당신에게 정말로 필요한 것, 당신이 정말로 사랑하게 된 것, 당신이 새로 꾸미는 공간에 얼른

갖다 놓고 싶은 것이어야 한다. 당신이 마침내 고른 물건은 무엇이든지 당신의 영혼의 공간에 절대적으로 필요한 물건처럼 느껴져야 한다.

발견 단계는 결코 완료되지 않는 단계들 중 하나다. 앞으로 들어설 창조 단계에서도 당신은 발견 단계로 계속 돌아갈 것이다. 그럼으로써 당신의 꿈을 더 많이 현실로 만들 수 있다. 당신의 공간이 '완성'된 후에도 발견 여행은 끝나지 않는다. 그 여행을 평생 동안 기꺼이 계속하라!

집에서 편안하게 발견하기

당신은 오페라 마니아인가? 야생 조류 관찰이 취미인가? 토마토에 열광하는가? 어디에 해당하든지 당신의 독특한 취향을 겨냥하는 잡지와 웹 사이트와 블로그가 무수히 많다. 이것들은 발견 단계를 위한 훌륭한 자원이다. 당신의 흥미를 자극하는 잡지와 웹 사이트를 훑어보면서 당신의 영혼의 공간에 알맞은 물건을 발견하라. 꿈 단계에서 얻은 통찰은 당신이 새로운 수준으로 사고하게 해주었다. 이 발견 연습을 통해 얻은 정보는 당신이 행동하도록 격려할 것이다. 그러니 당신이 원하는 물건을 웹 사이트나 잡지에서 발견한다면 로그인하거나 전화를 걸어 주문하라.

꿈을 현실로 만들라.

디자인은 특정 목적을 달성하기 위해 여러 요소를
최선의 방식으로 배열하려는 계획이다.

– 찰스 임스(Charles Eames, 미국의 건축가이자 가구 디자이너)

창조하라

당신은 무엇을 보고 아름답다고 느끼는가? 나는 가구나 벽지를 말하는 게 아니다. 반짝반짝 윤나는 부엌을 보고 가정주부의 눈이 환해지듯이 당신을 감동시키는 대상을 말하고 있는 것이다. 마음껏 뛰어오를 수 있는 텅 빈 방은 무용수의 영혼에 불을 당긴다. 죽 늘어선 기타는 음악가의 손을 간질간질하게 한다. 창조 단계에서는 당신을 감동시키고 행동을 격려하는 구체적인 물건을 추가하는 데 초점을 맞출 것이다.

　창조 단계에서는 물건이 많이 필요할 수도 있다. 이 단계는 공간을 재배열해서 특별한 느낌과 상호작용을 향상하는 것으로 이어지기도 한다. 한 예로, 소파를 서로 마주 보게 돌려놓아서 텔레비전을 보는 공간을 없애고 자연스런 대화 공간을 창조한다. 또는 폐쇄된 부엌과 황량한 정원을 가족 모임 공간으로 바꾸기 위해 부엌에 유리문을 달고 안뜰을 넓히고 바비큐 시설을 설치한다. 창조 단계는 당신의 잠재력을 키우는 것과도 관계가 있다. 에스테이트 세일에서 산 재봉틀을 놓아서 서재를 옷 만드는 방으로 바꾸는 것이 한 예다.

당신의 공간을 당신 것으로 만들라

등대를 주택으로 개조하거나 오래된 헛간을 가장 시원한 생활공간으로 바꾼 사람들에 대한 잡지 기사가 얼마나 많은가? 그렇게 고정관념에서 벗어나고 평범한 것에서 비범한 것을 창조하는 사람들을 우리는 좋아하고 칭송한다.

창조 단계에서 무엇을 하든지 당신은 자기 공간을 반드시 '내 것'으로 만들어야 한다. 그 공간에 여러 요소를 배열할 때 다른 사람의 의견은 중요하지 않다. 그 누구도 아닌 바로 당신에게 필요한 물건과 당신이 살고 싶은 인생과 당신이 품은 목표가 중요하다.

창조 단계에 관한 가장 훌륭한 교훈 중 하나를 나는 한 아가씨에게서 배웠다. 내가 오랫동안 알고 지냈고 정말로 좋아하며 존경하는 동료의 결혼식장에서 나는 그 여성을 만났다. 그녀는 바로 그 동료의 여동생으로 그래픽디자이너로 일하고 있었다. 그들 자매가 외모는 쌍둥이처럼 닮았고 성격은 판이하게 다른 것을 알고 나는 흥미가 동했다. 내 동료는 대단히 반듯하고 단정한 사람이었다. 항상 정장과 하이힐 차림으로 출근했다. 하얀 웨딩드레스를 입은 모습을 보기 전까지 나는 그녀가 '머리를 풀어헤친' 것을 본 적이 없었다. 그녀의 여동생 지타는 정반대였다. 있는 그대로의 자기 자신과 자신이 원하는 것을 완벽하게 알고 있는 자유로운 영혼임이 분명했다. 지타는 다음 해 여름에 에밀과 결혼할 거라고 했다. 에밀은 시카고에 있는 병원에서 이제 막 레지던트 과정에 들어간 의사였다. 어디서 살고 있느냐고 묻자 지타는 즐겁게 웃었다.

"병원 바로 옆집이오. 우리 아파트는 너무 작아요. 정말 끔찍해요."

"말은 그렇게 하지만 그게 큰 불만인 것 같지는 않군요." 내가 말했다. 나는 개인 공간에 대해 사람들에게 집요하게 질문하는 것이 일상이기 때문에 질문을 멈추기가 어렵다. 예의를 차려야 하는 자리에서도 다르지 않다. 다행히도 지타는 성격이 활달했고 내 질문에 대답하는 것을 재미있어 하는 것 같았다.

"전에는 꽤 좋은 집에서 살았어요." 지타가 말했다. "하지만 이사했어요. 에밀의 병원과 가까운 곳으로요. 처음에 이사했을 때는 끔찍했어요. 저는 친구들과 멀리 떨어진 데다가 우리 아파트는 정말 시끄러웠어요. 침실이 혼잡한 도로에 바로 면해 있거든요. 에밀은 밤에 교대 근무를 해요. 그래서 낮에 잠을 자야 하는데 그건 절대 불가능했어요."

"그러면 어떡해요?" 내가 물었다.

"우리가 해결했어요." 지타가 말했다. "우리는 침실과 거실을 바꿨어요. 소파를 침실로 옮기고 침대를 거실로 옮겼죠. 언니는 저더러 미쳤다고 했어요. 하지만 그건 정말로 효과가 있었어요. 이제 거실은 작고 시끄러워요. 하지만 우리가 TV를 보는 데는 아무 문제가 없어요. 그리고 침실은 햇빛이 잘 들고 조용해요. 침실 바로 옆에 부엌이 있어요. 그래서 방이 따로 있는 우리 아파트가 원룸 같아 보여요. 하지만 에밀은 아주 행복해해요. 저도 그렇고요." 지타는 바에 서 있는 키가 크고 안경을 쓴 매력적인 남자에게 손을 흔들었다. 그도 손을 마주 흔들었다.

"그래서 그렇게 됐어요. 그곳은 파티를 열거나 손님을 맞기에는 알맞지 않아요. 하지만 우린 상관없어요. 그 아파트는 다른 사람을 위한

2장 미래를 표현하기 | 177

공간이 아니에요. 우리를 위한 곳이죠."

지타와 에밀에게 '창조'는 그들의 공간에서 자신들이 무엇을 싫어하고 무엇을 원하는지 분명히 아는 것과 관계가 있었다. 그들은 시끄러운 침실을 싫어했고, 조용한 침실을 원했다. 거실을 손님을 즐겁게 해주는 공간으로 놔두고자 했다면 그들은 난관에 처했을 것이다. 그 아파트에는 손님을 위한 널찍한 거실과 에밀이 편히 쉴 수 있는 조용한 침실을 모두 갖출 공간이 전혀 없었다. 지타와 에밀은 그것을 분명히 알았고 둘이 똑같은 욕구를 품고 있어서 문제를 해결할 수 있었다. 그들의 해결책이 모든 사람에게 효과적이지는 않았을 것이다. 하지만 그건 상관없다. 그 해결책은 그들에게 효과 만점이었다. 그게 가장 중요하다.

'창조하라'는 것은 디자인 잡지 기자가 사진 찍고 싶어 하거나 당신 친구가 베끼고 싶어 하는 공간을 만들라는 말이 아니다. 바로 '당신'에게 완벽하고 '당신'의 인생을 응원하게끔 그 공간을 의도적으로 설계하라는 말이다. 평생 동안 두 사람을 지탱해줄 견고한 관계를 맺으려고 노력하는 커플로서 지타는 작업실이나 파티 공간을 갖는 데는 관심이 없었다. 그녀에게는 자신의 욕구와 에밀의 욕구를 충족시키는 것이 중요했다. 그럼으로써 그들의 사랑은 그 뿌리를 뻗고 꽃을 피울 장소를 가질 수 있었다. 공간을 독립적으로 바라봄으로써 지타와 에밀은 당면 문제를 해결했다. 그들은 그 공간이 지닌 원래의 용도에 제약받지 않았다. 바로 그것이 '창조'가 의미하는 것이자 이 단계의 본질이다.

쿠키 커터로 찍어낸 것 같은 구조에 굴복하지 마라. 그렇게 똑같은 구조로 지어진 집이 너무 많다. 나는 모든 사람이 비범하다고 믿는다.

평범한 사람은 없다. 당신이 진정으로 원하는 자신의 모습을 발견하고 창조할 수 있는데 어째서 자신을 틀에 맞추려고 애쓰는가? 당신의 공간을 창의성을 실험하는 장소로 이용하라. 이 시도는 당신에게 힘을 부여해서 당신이 행하는 모든 것에 창의성을 발휘하게 해준다. 용기를 갖고 고정관념에서 벗어나라. 이런 태도는 당신이 자신을 더욱 눈부시고 아름답게 표현하도록 도와준다.

당신의 공간은 다른 누군가를 위한 보금자리가 결코 아니다. 그곳은 당신만의 특별한 공간이다. 그 내부 구조를 완벽하게 설계하라. 건축가와 협력해서 집을 새로 지었다면 당신은 그 공간의 구조를 하나부터 열까지 마음대로 결정할 수 있었을 것이다. 기존 주택을 구입해서 개조했다면 이때도 당신은 그 공간을 자신의 욕구와 생활에 맞게 바꿀 수 있었을 것이다. 새로 이사해서 고작 한두 가지만 자기 뜻대로 바꾸었거나, 지타와 에밀처럼, 작은 전세 아파트에 살아서 구조를 바꾸기가 아예 불가능할 수도 있다. 그렇다면 당신은 그 공간의 특정 부분을 억지로 감수하고 있다고 느낄 것이다.

당신은 부엌은 아주 마음에 들지만 이상하게 기울어진 거실 천장이 꼴도 보기 싫을지 모른다. 복도가 너무 좁거나 지하실 천장이 너무 낮거나 침실이 너무 작거나 어두워서 못마땅할 수도 있다. 이것들은 흔하디흔한 불만이다. 창조 단계에서 그런 문제를 반드시 해결해야 한다. 하지만 걱정하지 마라. 그 문제를 큰돈 들이지 않고 해결하는 방법이 많다. 좁은 복도에 거울을 붙여서 복도가 실제보다 넓어 보이게 만들 수도 있다. 어두운 침실에는 조명을 추가할 수도 있고, 지하실 천장에 빛을 반사하는 페인트를 칠해서 천장이 높아 보이는 효과를 얻을 수도 있다.

　창조 단계에서는 당신이 자신의 잠재력을 알아내고 그 힘을 이용해 자신이 원하는 삶을 실현할 수 있음을 깨닫는 것이 중요하다. 당신의 잠재력을 알아내기에 당신이 살고 있는 집보다 더 좋은 곳이 어디 있겠는가? 당신만의 공간에 있을 때 당신은 자신에게 내재된 마법 같은 힘을 마음껏 활용할 수 있다. 당신이 꿈꾸는 환경을 창조하라. 그러면 당신이 살고 싶은 인생을 창조하기 시작할 수 있다.

공존할 수 있는 공간을 의도적으로 창조하라

창조 단계는 한 공간에서 다른 사람들과 사이좋게 지내는 데도 초점을 맞춘다. 그것은 우리 자신의 꿈과 욕구를 응원하는 것 못지않게 매우 중요하다. 커플, 가족, 룸메이트, 이들은 한 공간을 공유한다. 그 공간에서 공통의 꿈과 개인의 꿈이 일치할 수도 있고 일치하지 않을 수도 있다. 특히 경제 불황기에 사람들은 다른 사람과 같은 공간에서 함께 살게 된다. 그것을 결코 예상치 못했거나 열망하지 않았어도 그렇게 되는 일이 흔하다. 샤론은 60대 후반의 여성으로 남편과 사별한 후 혼자 살고 있었다. 경기 불황은 샤론에게 예상치 못한 결과를 가져왔다. 룸메이트가 새로 생긴 것이다. 바로 아들이었다.

　주가지수가 하락하자 샤론이 투자한 기업의 주가도 크게 하락했다. 샤론은 주택 대출금을 갚기가 힘들어지기 시작했다. 한때 번창했던 그녀의 장신구 사업도 수입이 대폭 줄어서 공과금을 내기도 빠듯할 지경이었다. 그 무렵에 아들 조너선이 실직을 했다. 웹디자이너로 일하는 그는 30대 후반이었다. 두 사람이 각자 집세를 내느라 매달 아등바등 하는 것은 바보 같은 짓이라는 결론을 내리고 샤론은 아들을 자기 집으로 불러들였다. 샤론에게나 조너선에게나 쉽지 않은 결정이었다. 샤론은 혼자 살아온 지 10년이 넘어서 독립적인 생활에 익숙했고, 조너선은 자주 데이트하는 성인이었다. 하지만 샤론은 룸메이트가 생긴다는 것이 좋았고, 조너선은 엄마가 집을 압류당하지 않기를 원했다.

이 결정은 두 사람 모두에게 바람직한 것처럼 보였다. 하지만 처음에는 일이 잘 풀리지 않았다. 어쩔 수 없는 결정이라는 생각 때문에 그들은 상대방이 주변에 있는 것이 즐겁지 않았다. 조너선은 우울했다. 그게 겉으로 분명히 드러났다. 그는 침울하게 집 안을 어정거렸고 매일 옷을 갈아입는 것도 귀찮아 할 정도였다. 그의 불안은 날이 갈수록 커질 뿐이었다. 이제는 데이트도 하지 않았다. 자신이 엄마와 함께 산다는 것을 여자들이 어떻게 받아들일지 생각하니 자신이 없었기 때문이다.

처음에 샤론은 조너선이 옆에 있으면 좋을 것 같다고 생각했다. 남편과 사별한 후 10년이 넘도록 혼자 살았기 때문이다. 그 생각이 막상 현실이 되자 모자는 대화도 거의 없었다. 즐거울 수도 있을 어떤 활동도 결코 함께하지 않았다. 심지어 함께 식사한 적도 없었다. 샤론은 요리를 해서 일찌감치 저녁을 먹었고, 조너선은 남은 음식을 밤중에 먹곤 했다. 같은 공간에 있을 때 조너선은 항상 입을 꾹 다문 채 시무룩했다. 그럴 때마다 샤론은 아들을 대화에 끌어들이지 못하는 자신에게 절망했다.

"조너선은 한밤중에 설거지를 해요." 우리 셋이 널찍한 거실에 함께 앉아 있을 때 샤론이 내게 말했다. "아침에 깨서 들어가보면 부엌이 아주 깨끗해요. 그건 한 가지 보너스예요."

쾌활하고 세련된 샤론은 남편이 세상을 떠난 후 집을 개조하기 위해 나를 고용한 적이 있었다. 그리고 최근에 내게 또 연락을 했다. 그 집을 어떻게 변화시키면 자신과 아들이 행복하고 평화롭게 공존할 수 있는 활기찬 공간이 될지를 알아내기 위해서였다.

내가 알아냈듯이, 문제의 일부는 그들이 주로 쓰는 에두른 표현과 그 표현에 실린 중압감이었다. 그들은 두 사람이 동등한 관계로 함께 살고 있다는 말은 결코 하지 않았다. 조너선의 퇴직금으로 샤론의 대출금을 갚고 있었음에도 그들은 그가 엄마 집에 얹혀살고 있는 것처럼 말했다. 샤론은 자신이 아들을 돌보고 그가 자립할 능력이 없다는 듯이 말했다. 실제로 그들은 서로를 돌보고 있었다. 그러므로 우리에게는 그 진실을 반영하는 환경을 창조하는 것이 중요했다.

우리의 목표는 샤론과 조너선이 흥미를 공유할 수 있는 영역을 발견하고 시간을 공유할 수 있는 공간을 창조하는 것이었다. 첫 번째 단계는 두 사람이 함께 식사할 수 있는 공간을 마련하는 것이었다. 식당은 샤론이 쌓아둔 상자들로 가득했다. 방출 단계와 청소 단계에서 샤론은 식당에 들어찬 물건들을 상당수 버렸고 나머지는 차고의 수납공간으로 옮겼다. 조너선은 손재주가 좋았기 때문에 식탁 표면을 매끄럽게 다듬고 의자의 천을 갈았다. 조너선과 샤론은 벽에 페인트를 칠했다. 그리고 일주일에 적어도 이틀은 함께 식사하기로 약속했다.

창조하기 이전 단계들에서 우리는 필요한 숙제와 준비를 마쳤다. 그럼으로써 우리의 목표가 무엇인지 실제로 분명히 알게 되었다. 조너선은 요리 솜씨가 탁월했고, 샤론은 식물을 키우는 솜씨가 남달랐다. 때문에 꿈 단계에서 우리는 샤론이 작은 텃밭을 가꾸고 거기서 딴 채소로 조너선이 엄마와 함께 먹을 요리를 준비하면 좋겠다고 결정했다. 꿈 단계에서 샤론은 새로운 것을 알게 되었다. 부진을 면치 못하는 장신구 사업을 되살리기 위해서는 온라인 매장이 필요하다는 것을 깨달은 것이다. 그 일에는 웹디자이너 아들이 적임자였다. 그들은 공동 작업실을 만들기로 결정했다. 그곳에서 샤론은 장신구를 만들고 조너선은 웹디자인 작업을 할 수 있었다.

우리의 창조 단계는 식당과 텃밭과 작업실을 만들고 꾸미는 것을 중심으로 진행되었다. 발견 단계에서는 의자에 갈아 끼울 천을 골랐고 텃밭에 필요한 식물과 도구를 샀으며 공동 작업실에 놓을 룸 디바이더(room divider)를 만들 재료를 구입했다. 그들은 쓰지 않는 침실을 작업실로 바꾸기로 결정했다. 조너선의 책상은 한쪽 벽에, 샤론의 공예 작업대는 반대편 벽에 놓았다. 조너선이 만든 룸 디바이더는 사적 공간이 필요할 때 그 공간을 제공해줄 터였다.

두 사람은 새로 꾸민 식당에 처음으로 앉아 텃밭에서 직접 딴 상추와 허브 등 갖가지 채소를 곁들여 함께 식사를 했다. 그 자리에서 조너선은 집에 들어와서 살게 해준 것에 대해 샤론에게 깊이 감사했다. 그러자 샤론은 말했다. "이건 우리 집이야. 내 집이 아니라 우리 집." 이 이야기를 내게 하면서 샤론은 그게 의례적으로 한 말이 결코 아니라고

2장 미래를 표현하기   183

강조했다. 샤론은 자신의 공간을 아들과 적극적으로 공유했다. 이 행동을 계기로 그들 모자 관계는 새로운 단계로 도약했다. 조너선이 만든 웹사이트는 샤론이 만든 장신구의 아름다움을 돋보이게 해주었다. 그 사이트를 통해 쓰러지던 샤론의 사업은 되살아났고 조너선은 자기 능력에 대한 자신감을 되찾았다. 샤론과 조너선이 공유한 영혼의 공간은 실제로 윈-윈 공간이었다.

적극적인 행동에 나서라

창조 단계라는 말은 창조적 행위가 필요한 단계라는 소리처럼 들리지만 실제로는 육체노동과 관계가 있다. 이 시점에 이르면 우리는 구체적인 목표를 이미 알아냈고 큰 꿈을 꾸었고 필요한 물건을 발견했다. 창조 단계에서는 상자를 옮기고 페인트를 칠하고 사용 설명서를 숙독해야 한다. 그리고 필요하다면 전문가에게 전화를 걸어야 한다.

혼자 떠맡지 말고 요령껏 도움을 청하라

직장일이나 집안일에 짓눌려 스트레스를 받고 있다면 어떻게 할까? 돈이 별로 없다면? 대규모 공간 개선 작업에 전념할 시간이 없다면? 자기 자신을 대대적으로 개조해서 그 대규모 작업을 혼자 떠맡으려고 하지 마라. 이 점은 아무리 강조해도 지나치지 않다. 공간 개선 계획이 시간이든, 기술이든, 체력, 창의력, 경제력이든 당신이 지닌 자원에 비해 지나치게 거창하다면 건축가나 기술자나 인테리어 디자이너에게 연락하라.

당신이 이 책을 읽고 있는 이유는 더 나은 인생을 살고 싶기 때문일 것이다. 인생을 더 힘들게 만들고 싶어서가 아니다. 소파를 사거나 침실을 재봉실로 바꾸거나 바질과 민트를 한 줄 심는 것은 누구나 할 수 있다. 하지만 벽을 문으로 바꾸거나 문을 창문으로 바꾸거나 널찍한 창문턱을 독서 공간으로 바꾸는 것은 누구나 할 수 있는 게 아니다. 전동 드릴을 쓰거나 타일을 붙여본 적이 한 번도 없는가? 그렇다면 어떤 경우에도 옷 방을 욕실로 바꾸겠다고 호기롭게 나서지 마라. 화분에 식물을 심어본 적이 없는가? 그 정도의 일은 경험이 아예 없어도 해낼 수 있다.

원대한 꿈을 꾸고 영리하게 창조하라! 그래야만 장기적으로 끝없는 눈물과 두통과 불필요한 낭비를 면할 수 있다. 장담한다.

공간 개선 작업은 언제나 대단히 버겁고 힘들다. 개조해서 되팔 목적으로 폐가를 사들여서 모든 걸 새로 고칠 때보다 힘들면 힘들었지 결코 쉽지 않다. 케이트와 벤의 사례가 그랬다. 그들은 3년 동안 사귀다가 딸 로즈가 태어나자 드디어 집을 한 채 장만하기로 결정했다. 돈이 빠듯했다. 그들은 가족에게서 경제적 도움을 받아 이사할 수 있었다. 어떤 것을 해결할 돈이 없다는 생각은 의도하지 않은 결과를 낳을 때가 있다. 이것을 확실히 보여준 사람이 벤이었다. 벤은 그들이 꿈꾸던 집을 소유하는 가장 좋은 방법은 자기가 기술자가 되는 것이라고 결정했다.

물론 모든 일이 잘될 수는 없다. 하지만 벤의 경우에는 모든 게 잘못되었다. 배관을 고치고 있을 때 수도관이 터졌다. 그들 가족은 이틀 동안 물을 쓰지 못했다. 전선을 재배선하는 도중에 벤은 감전되어 죽을 뻔했다. 그가 건조기 콘센트를 겨우 설치했는데 그들이 새로 산 건조기는 가스로 작동되는 것이었다.

상황을 개선하려는 열망 탓에 상황이 훨씬 악화되었다. 벤은 그런 종류의 일을 자신이 해낼 수 있음을 입증하려는 비현실적 욕구를 갖고 있었고, '그걸 해결할 돈이 없다'는 생각 때문에 외부의 도움을 차단했다. 이로 인해 벤과 케이트 사이에 갈등이 커져만 갔다.

그 원대한 야망을 달성하는 일에 그들이 나를 끼워주었다. 하지만 내가 해야 할 일은 벤이 야망을 줄이게 도와주는 것이었다. 그 점을 나는 첫날부터 분명히 깨달았다. 또한 벤의 공간 개선 작업이 주변 사람들과 협력할 훌륭한 기회라는 것도 깨달았다. 고생하는 이 부부에게 절대적으로 필요한 도움을 가족과 친구에게 요청함으로써 그들과 맺고 있는 강한 유대를 활용할 호기였다. 케이트와 벤은 사랑하는 사람들을 불러 모아 힘을 합침으로써 어느 누구도 응급실에 실려 가지 않고 개선 작업을 마칠 수 있었다. 그들은 목표를 훌륭하게 달성했다. 로즈의 방은 완벽하게 마무리되었고, 조명 스위치는 모두 잘 작동했다.

얼마 후 벤이 다시 전화를 했다. 일부 공간을 바꾸고 싶으니 그 일을 안전하고 효율적으로 해낼 수 있는 기술자를 추천해달라고 부탁했다. 벤의 달라진 태도에 몹시 기뻤다. 이번에는 가까운 사람들에게 부담을 주지 않고 전문가에게 의지해서 차고의 일부를 목공실로 바꾸었다. 그곳에서 벤은 망가진 물건을 고치고 근사한 물건을 만들 수 있었다. 그리고 미완성으로 남아 있던 다락도 책과 놀이로 채워진 아늑한 가족실로 바꿨다. 길고 힘든 하루를 보낸 후, 그들 가족은 그곳에서 긴장을 풀고 쉴 수 있었다.

많은 공간 개선 작업이 훌륭한 의도와 흰색 페인트 한 통만으로도 완성될 수 있다. 하지만 계획을 철저히 세우고 그 작업을 제대로 해낼 자원을 갖출 때까지 참을성 있게 기다려야 할 때도 많다. 친구들에게 일요일을 포기하고 우리 집 배관 공사나 현관 페인트칠을 도와달라고 요청할 필요가 없는 것이 최상이다. 기술자를 고용해서 벽지를 바르든 그 작업을 혼자서 잘해낼 방법을 강구하든, 당신이 지닌 자원을 이용해서 그 작업을 마칠 수 있게끔 계획을 세워야 한다.

갖가지 문제를 차근차근 풀어나가라

공간이 지닌 문제를 해결해줄 간단하고 저렴하고 독창적인 방법이 많다. 흔히 접하는 문제의 해결책을 소개하겠다. 기억하라. 당신의 영혼의 공간을 개선하는 작업은 당신의 영혼의 속도에 맞춰 행해져야 한다.

공간이 작고 혼잡할 때

- 지나치게 많은 가구와 잡동사니로 공간을 짓누르지 않는 것이 가장 좋다. 높이 쌓인 책이나 잡지, 너무 많은 사진, 갤러리처럼 벽마다 잔뜩 걸어둔 그림들. 이 모든 게 합쳐지면 공간이 실제보다 훨씬 작게 느껴진다.

- 한쪽 벽에 걸린 그림을 큰 거울로 바꿔라.
- 무거운 커튼을 피하고, 길거나 두툼한 커튼을 짧고 가볍고 하늘하늘한 커튼으로 교체하라.
- 음식을 먹는 공간에는 작은 식탁을 놓거나 접이식 식탁을 구입하라. 쓰지 않는 의자는 창고에 넣어라.
- 침실에 더 많은 공간을 확보하기 위해 머피 침대(Murphy bed: 쓰지 않을 때 벽이나 붙박이장에 집어넣어 보관하는 침대)를 사는 것을 고려하라.

공간이 커서 허전할 때

- 사랑하며 생활하기 위한 작고 친밀한 공간을 만드는 데 중점을 두어라. 휑하게 빈 드넓은 공간에서 사는 것은 정서에 좋지 않다. 아늑하고 편안하다고 느끼기 위해서는 친밀감이 필요하다.
- 넓은 공간을 앉아서 쉴 수 있는 두 영역으로 나눠라. 소파를 여러 개 놓은 아늑한 영역과 소파를 놓지 않은 말끔한 영역으로 나누면 친밀한 상호작용이 향상된다.
- 벽난로나 전망이 좋은 창가 같은 주요 지점에 가구를 놓아라.
- 공간을 분리하는 룸 디바이더를 놓아보라.
- 책, 잡지를 많이 가져다 놓고 담요를 소파에 걸치고 식물을 놓아라.
- 어두운색을 사용하고 무늬가 있고 질감이 도드라지는 벽지를 바르라.
- 샹들리에를 달아라.
- 음악을 이용해서 당신이 원하는 분위기로 그 공간을 채워라.

햇빛이 너무 많이 들 때

- 가림막과 커튼을 이용해 한낮의 따가운 햇볕을 반드시 차단하라. 햇볕이 집 안으로 지나치게 많이 들지 않게 함으로써 냉방비를 낮추고 가구와 그림을 보호할 수 있다.
- 알맞은 소재의 커튼을 사용하라. 얇은 커튼은 강렬한 햇볕은 차단하지만 빛은 투과시킨다.
- 햇빛을 이용할 수 있는 식물을 들여놓아라. 햇빛이 많이 필요한 허브와 화초는 빛이 잘 드는 당신의 공간에서 무럭무럭 자랄 것이다.
- 공간이 허락한다면 키 큰 식물을 창밖에 놓아서 빛을 차단하라.
- 조명 기구의 밝기 조절 장치를 이용해서 조도를 조절해도 좋다.

빛이 부족할 때

- 빛의 원천을 추가하고 자연광을 반사하도록 적절한 곳에 거울을 놓아라. 빛은 우리에게 깨어 있고 살아 있다는 느낌을 준다.
- 밝기 조절 기능으로 빛의 강도를 높일 수 있는 램프와 전등을 더 많이 설치하라.
- 색깔이 밝은 페인트를 칠해서 환하고 쾌적한 느낌을 더하라.
- 어두운 방의 구석에 업라이트 조명을 놓아서 그곳을 밝혀라. 업라이트 조명은 전구가 위쪽을 향해 달려 있어서 천장으로 빛을 보내기 때문에 일반 조명 기구와는 색다른 분위기를 만들어낸다.
- 아니면, 어둠을 기꺼이 수용하고 조명을 일부러 낮춰서 로맨틱한 공간을 만들어라.

천장이 너무 높을 때

- 길게 늘어진 샹들리에를 달아라.
- 방의 중앙에 커다란 모빌이나 그 밖의 예술 작품을 매달아라.
- 패브릭을 천장에 걸어 늘어뜨림으로써 텐트를 친 느낌을 조성하라.
- 천장을 벽보다 어두운 색깔의 페인트로 칠하라.

천장이 너무 낮을 때

- 천장을 벽보다 밝은 색깔의 페인트로 칠하라.
- 샹들리에를 비롯해서 천장에 걸려 있는 것을 모두 없애라.
- 반드시 크기가 적당한 가구를 놓아라. 키 큰 가구는 천장이 낮은 방에 어울리지 않는다.

창이 없거나 전망이 좋지 않을 때

- 빈 벽을 보기 좋게 장식하라.
- 환하고 활기찬 풍경화를 더하라. 그림은 시골에 사는 사람에게는 도시 풍경을, 혼잡한 대도시 거주자에게는 툭 트인 광활한 풍경을 제공한다.
- 창문에 아름다운 커튼을 달아서 좋지 않은 전망 대신 커튼을 보라.
- 거울을 이용해서 빛을 늘리고 개방감을 더하라.
- 소파나 의자를 창문에서 멀리 떨어진 곳에 놓음으로써 전망이 그 공간의 중심이 되지 않게 하라.

이웃이 시끄러울 때

- 작은 분수를 놓아서 이웃의 소음을 물 흐르는 소리로 대체하라.
- 아름다운 음악을 항상 작게 틀어두어라. 나는 매일 그렇게 한다.

공간에서 공간으로의 이동이 불편할 때

- 자가 소유라면 건축가와 상의해서 벽을 하나 없애고 공간이 넓게 트인 느낌을 주는 것을 고려해보라.
- 세 들어 사는 사람은 집의 모양에 알맞은 가구를 주문 제작해서 놓는 것을 고려하라. 표준 사이즈의 가구를 놓았을 때 복도로 돌출되거나 출입구를 가로막을 경우, 공간에 맞는 크기의 소파나 빌트인 책장을 제작하라.

신중히 색깔을 선택하라

색깔을 결정할 때 당신은 대체로 수많은 색깔을 보고 개인적 선호도를 고려할 것이다. 하지만 이에 더해서 색깔이 기분에 영향을 미칠 수 있다는 것도 생각하라. 색깔과 감정 간의 관계를 알고 있어야 한다. 그러면 무미건조한 복도를 활기차게 바꿔주거나 침실에 고요한 안식처 같은 느낌을 주는 색깔을 선택할 수 있다. 당신의 영혼의 공간에 적용할 색깔을 고를 때 다음 지침을 참고하라.

정열적인 빨강

장미, 양귀비, 포인세티아. 빨강은 열정과 열기, 힘과 사랑을 상징한다. 중국에서 빨강은 축하와 행운을, 인도에서는 순수를 의미한다. 강렬한 느낌을 원한다면 빨강을 이용하라.

따뜻한 주황

가을 나뭇잎, 잘 익은 감귤, 석양. 주황은 활기를 더한다. 빨강에 함축된 맹렬한 느낌 없이 온기를 전달하며 우리를 흥분시키는 색이다. 심약한 사람에게는 알맞은 색이 아니다.

찬란한 노랑

레몬, 데이지, 수선화. 행복, 희망, 햇빛. 노랑은 공간에 빛과 밝음과 매력을 더한다. 주방과 아이 방에 완벽한 색깔로, 자신감과 창의성을 일깨우고 북돋운다.

자연의 색, 초록

풀잎, 에메랄드, 울창한 숲, 초록은 자연과 부활, 청춘, 봄을 상징한다. 초록을 적용한 공간은 보석 상자나 푸른 초원 같은 느낌을 준다.

고요한 파랑

바다, 하늘, 물망초. 이란에서 파랑은 천국과 영성의 색깔이며, 중국에서는 영생을 상징한다. 조화롭고 평화로운 느낌, 고요한 영감을 주는 느낌을 원한다면 파랑을 고려하라.

강력한 보라

가지, 바나나 꽃, 난초. 보라는 장엄하고 풍요로우면서도 고귀하고 신비롭다. 세련되고 신비로운 분위기를 더하기 위해 당신의 공간에 보라를 추가하라.

순수한 하양

뭉게구름, 플루메리아 꽃, 백합. 하양은 순수함과 단순함을 상징한다. 하지만 여름 느낌, 겨울 느낌, 결백한 느낌, 평화로운 느낌도 일으킨다. 하양은 명도가 높은 색깔의 바탕색으로도 훌륭하다.

극적인 검정

가장 어두운 하늘, 가장 깊은 밤. 검정은 세련되고 정중하고 우아하며 언제 어디서나 적절하다. 검정을 당신의 공간에 신중하게 사용하라. 과다하게 쓰인 검정은 극적인 느낌 대신 암울한 느낌을 일으킨다.

우아한 회색

비둘기, 백금, 비가 내릴 것 같은 하늘. 회색은 종종 중립을 상징하지만 시간이 흘러도 변하지 않는 품위를 상기시킨다. 다른 색깔의 바탕으로 쓰기에도 아주 좋다.

차분한 아이보리

흰 모래밭, 진주 목걸이. 조용하고 친근하고 기분 좋은 아이보리는 단독으로는 자극을 주지 않는다. 하지만 차분한 느낌을 제공하므로 장식용으로 널리 쓰인다.

풍요로운 갈색

비옥한 토양, 초콜릿, 에스프레소. 갈색은 대지와 야외, 맛과 향이 풍부한 커피와 초콜릿, 우리의 먹을거리를 키우는 흙의 색이다. 갈색을 적절하게 사용한 실내는 야외만큼이나 풍요롭고 매혹적이다.

공간별 평가 내용을 재검토하라

1단계 '평가하기'에서 당신은 많은 시간을 할애하여 자신의 공간 곳곳에 대해 숙고했다. 이후 단계들에서는 필요한 공간을 마련하고 당신의 꿈과 삶을 연결하는 법을 배웠다. 이제는 앞에서 현실적으로 숙고한 내용과 직관으로 깨달은 꿈을 물리적으로 조합하고 영혼의 공간을 현실로 만들어보자. 이제 당신의 '소망'을 '소유물'로 만들자.

거실

이제 당신은 누가 주로 거실을 사용하고 그 공간이 어떤 용도로 쓰이는지 알고 있다. 거실에 알맞은 의자가 부족하다는 것을 알아냈는가?

그렇다면 이 창조 단계에서 당신은 그곳을 사람들이 편안하게 둘러앉아 시간을 보낼 수 있는 공간으로 꾸밀 것이다. 당신보다 아이들이 거실을 많이 이용하고 당신은 자기 공간을 되찾고 싶은가? 그렇다면 당신은 쓰지 않는 작업실을 놀이방으로 바꿔야 한다. 또는 거실을 이용하는 사람들이 모두 행복하게 사용할 수 있는 공간으로 꾸며야 한다.

식당

당신은 식탁에 앉아 그 공간을 오랫동안 둘러보고 가족 모임을 주의 깊게 관찰하는 등, 필요한 일을 전부 했다. 그러므로 이제는 식당의 특징을 알고 있고 어떻게 하면 그 공간이 당신에게 더욱 쓸모가 있을지 안다. 당신은 더 큰 식탁이 필요한가? 거울을 달아서 그곳이 더욱 넓어 보이게 해야 하는가? 편안한 의자로 바꿔서 가족들이 더 오래 식사하고 대화할 수 있게 해야 하는가? 어떤 것을 더하거나 빼거나 바꾸면 식당이 당신의 꿈에 부응할 수 있을까?

주방

당신이 주방에 대해 숙고했던 모든 것을 이제 행동으로 옮겨라. 요리책은 잘 분류해서 손닿는 곳에 놓아야 한다. 없어진 조리 도구는 전부 구입해서 제자리에 보관해야 한다. 아일랜드 부엌이 필요하다고 결정했다면 당신은 이미 여러 곳을 둘러보았고 마음에 드는 물건을 발견했을 것이다. 이제는 그것을 주방에 들여놓고 즐기기 시작하라. 새로운 찬장이 당신의 주방을 빛나게 해줄 거라고 판단했다면 당신은 이미 전문가에게 전화를 걸었거나 주문을 했을 것이다.

욕실

당신은 자쿠지를 원했는가? 지금쯤이면 자쿠지 전시장을 방문해서 그 욕조를 설치하는 단계에 접어들었어야 한다. 세면대를 하나 추가해서 아침마다 당신과 배우자의 짜증과 혼돈을 줄이기로 결정했는가? 욕실 조명을 어떤 식으로 바꾸기로 결정했는가? 이제 그 결정을 실행하라.

침실

침실을 처음 평가한 이후로 당신은 매일 밤 그곳에서 잠을 잤다. 이제 침실을 바꿔라. 조명을 바꾸고 침구를 갈고 매트리스를 교체하라. 평가 내용은 당신에게 무엇이 필요하다고 알려주었는가? 당신의 꿈은 당신에게 무엇이 필요하다고 알려주었는가? 바로 오늘, 지금 당장, 그 물건을 침실에 들여놓아라.

작업실

알맞은 작업실은 당신이 업무를 완수하고 성공한 전문가라는 느낌을 갖는 데 필수적이다. 이것을 우리는 이미 확실히 알고 있다. 평가 내용에 따르면 당신의 작업실에는 무엇이 필요한가? 필요한 물건을 모두 주문했는가? 이미 설치했는가? 박스를 풀고 그 물건을 꺼내서 활기가 넘치는 작업 공간을 창조하라.

전망

집에서 우리가 보는 것은 우리에게 큰 영향을 미친다. 이 말이 뜻하는 것을 앞서 많은 시간을 들여 숙고했다. 집 밖에서 보는 것이 우리의 감정에 영향을 미칠 수 있다는 것도 알고 있다. 잘 꾸민 정원, 창가에 놓은 화초 상자, 작은 테라스에 의도적으로 놓은 나무 한 그루 등, 밖에서 보는 것이 항상 우리의 기분을 좌우한다. 전망을 어떻게 바꾸면 그것이 당신의 짜증을 줄여주고 기분을 돋워줄 수 있을까?

당신은 자신에게 활력과 영감과 생기를 주는 열정의 대상에 대해 많이 숙고했다. 이제는 당신의 공간을 그 열정으로 가득 채워라. 당신이 가장 좋아하는 주제로 서재를 채우고 필요한 공간을 실제로 새로 마련하고 페인트칠을 하고 그곳에서 뛰어놀아라. 지금은 당신의 열정을 그 공간에 실제로 풀어놓아야 할 때다.

3장
현재에 살기

현재에 살라.
모든 파도에 당신 자신을 내맡기고
매 순간 속에서 당신의 영원을 발견하라.

– 헨리 데이비드 소로(Henry David Thoreau)

당신의 집을
영혼을 위한 사원으로 바꾸라.

가진 돈이 두 푼밖에 없다면 한 푼으로는 빵 한 덩이를 사고
한 푼으로는 백합 한 송이를 사라.

– 중국 속담

7단계

향상하라

집에 들어설 때마다 나는 신성한 사원으로 들어가는 듯한 느낌을 받는다. 바쁜 하루를 마치고 내 몸과 마음과 영혼이 편안하게 쉴 수 있는 곳으로 들어가는 느낌이다. 나는 내 영혼의 공간이 나를 돌보고 응원한다는 느낌을 주게끔 의식적으로 창조했다. 그 공간은 내가 하루를 내려놓고 안락한 저녁 속으로 쉽게 스며들 수 있게 해준다. 혼자 시간을 보낼 계획이든 사람들과 어울릴 계획이든, 나는 저녁을 편안하게 즐길 수 있다.

현관문을 지날 때 잔잔한 기악곡이 흘러나온다. 햇빛이 사그라질 무렵에 켜지도록 조명의 타이머를 맞춘다. 싱싱한 꽃이 곳곳에 놓여 있다. 아침에 집을 나서기 전에 나는 가운과 슬리퍼를 가지런히 펼쳐놓는다. 그것들은 내가 집에 돌아올 때까지 나를 기다리고 있다. 부엌에는 가볍게 먹을 수 있는 음식이 약간 항상 준비되어 있다. 어쨌든, 나를 돌보는 일은 내 몫이 아니겠는가?

이 의식은 아주 오랫동안 로스앤젤레스에 있는 내 영혼의 공간의 일부였다. 소든 하우스에서 나는 내 영혼을 격려하고 성장시키는 공간을 몇 년에 걸쳐 창조했다. 나는 시간을 충분히 갖고 내가 좋아하고 소중하게 간직할 물건을 모았고, 그것들을 어울리게 조합해서 이상적인 환경을 창조함으로써 내 영혼을 위로하고 내 창의성을 북돋웠다.

그러고 나서 마우이섬에서 리노베이션 작업을 시작했다. 어느 날 갑자기, 실제로 하룻밤 새에 일어난 일이었다. 나는 신중하게 꾸미고 모든 요소를 내가 전적으로 통제했던 그 안전한 영혼의 공간에서 떠밀려 나와 완전히 다른 자연환경을 가진 완전히 다른 생활로 밀려 들어갔다. 쾌적한 실내 대신에 제이슨과 나는 열려 있는 문을 초대장으로 여기고 몰려드는 온갖 벌레에 시달렸다. 오래 키운 진분홍 부겐빌리아가 만발한 안뜰 대신에 우리 앞에는 진흙탕이 끝없이 펼쳐져 있었다. 안락함과 호사스러움을 누리기 위해 신중하게 고른 패브릭 소파 대신에 우리는 공사장 한복판의 허름한 방갈로에서 살았다. 그리고 아무도 손대지 않은 이 미완의 대지에서 집처럼 보이는 것을 창조하려고 안간힘을 쓰고 있었다.

몇 개월 동안 작업한 후, 우리는 그 대지가 그대로 웅장한 모양을 간직해야 한다는 것을 깨달았다. 하지만 당분간 우리는 온수가 나오는 들판에서 야영하는 것처럼 살아야 했다. 중고 물건 웹 사이트에서 얻은 전화번호 목록과 우리가 발견한 물건을 전부 실을 수 있는 대형 트럭으로 무장하고 우리는 임시 거처를 바꾸는 작업에 착수했다. 그 공간을 우리가 그 웅장한 대지와 함께 번성하고 성장할 수 있는 장소로 바꿀 생각이었다. 그 공간에서 한 주, 두 주, 한 달이 흘렀다. 여행이나 출장이 잦은 이들은 인간이 공간에 얼마나 빨리 정착하는지 알고 있다. 우리는 그곳을 내 것으로 만들기를 원하고, 내 집 같은 느낌을 원한다. 그 공간이 우리가 오래오래 거주할 집은 아니지만 그렇다 해도 지금 당장은 내 집이기 때문이다.

장식음을 덧붙여 공간을 향상시켜라

'향상' 작업에 관한 한, 제이슨은 마법사다. 그는 빗자루를 타고 나가 벌레들에게 누가 대장인지 분명히 보여주었다. 그가 커튼을 달아서 우리는 사생활을 누릴 수 있었다. 강렬한 불빛이 거슬리는 전등을 헝겊으로 감싸서 불빛을 누그러뜨렸다. 제이슨은 양초를 샀고, 현관에 어울리는 값싼 러그(rug: 소형 바닥 깔개)도 샀다. 난초를 사서 커피 테이블에 올려놓았다. 향과 양초를 사서 밤마다 불을 켰다. 그리고 제이슨은 우리가 살고 있는 환경에 항상 완벽하게 어울리는 음악을 틀어놓았다. 그가 이 모든 것을 해낸 순간, 마치 누군가가 깜깜한 방에서 전등 스위치를 켠 것 같았다. 작고 추레한 방갈로에 들어서도 이제는 우리가 산비탈 움막으로 강제 이주된 농부 같은 느낌이 들지 않았다. 내 집에 살고 있는 느낌이었다.

향상 단계는 특이하다. 평가 단계나 꿈 단계를 마치기까지는 몇 주나 몇 달이 걸릴 수 있다. 하지만 향상 단계는 계속 진행 중이고, 단 한 순간으로 충분할 수 있다. 아이튠즈의 '재생' 버튼을 누르거나 침구를 정리하거나 베개를 털어주면 그만이다. 향상 단계는 휴대와 이동이 가능하고, 당신의 영혼의 공간을 다음번 휴가지나 출장지로 가져가는 이상적인 방법이다. 뿐만 아니라 당신의 공간을 신성한 사원으로, 편히 쉬고 재충전하는 안식처로 바꾸는 이상적인 방법이다.

향상 단계는 불빛이 흐려 어두운 구석을 환하게 밝힐 것을 당신에게 요구한다. 좋아하는 사진과 향초와 항상 쓰는 얇은 담요를 여행 가방에 넣으라고 당신을 부추긴다. 향상 단계는 당신의 일상에 작은 사치를 곁들이라고 간청한다. 그런 사치로는 손에 기분 좋게 딱 맞는 유리컵부터 저녁에 편안하게 머리를 기댈 수 있는 쿠션에 이르기까지 다양하다. 장식음을 덧붙여 기본 선율을 풍부하고 우아하게 바꾸듯이, 향상 단계는 섬세한 손길을 더해서 당신의 기본 공간에 생명을 불어넣는 법을 가르친다.

많은 것이 그런 장식음 역할을 할 수 있다. 얕은 수반에 띄운 활짝 핀 꽃 한 송이, 꽃집이나 길가에서 찾아낸 야생화 다발, 모든 사람을 예쁘게 보이게 해주는 은은한 주홍색 전구, 사생활을 한 겹 가려주면서도 한낮의 빛을 통과시키는 얇은 커튼, 견과류나 초콜릿이 가득 담긴 그릇, 배경에서 항상 잔잔하게 흐르는 아름다운 음악 등. 저렴한 비용으로 우리에게 호사스런 일류 호텔에 들어와 있는 것 같은 느낌을 주는 장식음을 찾아보라. 아늑하고 편안한 느낌을 주는 음악과 촛불이나 우리를 차분하게 진정시키는 향은 고작 1달러의 돈으로도 안락과 사치를 가능케 하는 섬세한 장식음이 될 수 있다

내 집으로 가는 길

내가 캐리를 만난 것은 그녀가 자기 인생을 되찾도록 돕고 있는 단체의 모금 행사에서였다. 캐리의 파란만장한 사연을 듣고 나는 마음이 몹시 아팠다. 캐리는 폭력을 일삼는 가정에서 자랐다. 그녀를 보살필 책임이 있는 어른들에 의해 안전하게 보호받고 있다고 느낀 적이 한 번도 없었다. 이 환경에서 달아나기 위해 캐리는 열다섯 살 때 가출해서 혼자 힘으로 살았다. 그녀가 지금 쓰고 있는 자서전에는 마약과 매춘, 노숙자, 교도소가 등장한다.

교도소에서 3년을 지낸 후에도 캐리는 여전히 젊은 20대 중반이었다. 그리고 이제 더 나은 인생을 살아야 한다는 것을 알았다. 그녀는 도움을 청했고 술을 완전히 끊었다. 안정적인 직업을 구하려고 기술을 배우기 시작했다. 나와 만날 무렵 캐리는 술을 마시지 않았고 마약도 하지 않았다. 두세 달 전부터 일을 하고 있었고, 한 아파트로 이사한 직후였다.

나는 캐리의 아파트에 갔다. 캐리는 내가 첫 번째 손님이라고 말했다. 1층에 자리한 그 아파트에는 가구가 드문드문 놓여 있었고 개인적인 물건은 거의 없었다. 네모난 작은 뜰은 그냥 맨땅이었다. 여러 면에서 앞으로 나아갔음에도 캐리는 단지 거처가 아니라 내 집을 갖는다는 생각을 아직 못하고 있었다. 그건 별로 이상한 일이 아니었다. 그녀가 실제로 집을 가져본 적이 얼마나 오래전 일인지 생각하면 특히 그러했다. 자신이 자란 집을 캐리는 내 집이라고 느낀 적이 없었다. 결코 내 집이 아니었기에 그곳에서 달아났다. 그리고 교도소에서 지냈다. 거기서

3년을 살았지만 교도소는 캐리의 집이 아니었다. 그리고 한동안 노숙자로 살았다. 매일 밤 머리를 누일 수 있는 안전하고 고정된 장소는 없었다. 게다가 끝없는 불안을 견뎌야 했다. 캐리는 이 삭막한 아파트를 자신을 위한 따뜻하고 안전한 보금자리로 바꾸는 방법을 알지 못했다. 당연했다. 지금껏 그것을 경험한 적이 없었기 때문이다. 내게 주어진 목표와 난제가 분명해졌다. 나는 캐리에게 내 집을 갖는다는 생각을 심어주어야 했다. 집이 무엇인지, 무엇을 뜻하는지, 집이 그녀를 위해 무엇을 해줄 수 있는지 알려줘야 했다.

캐리와 대화하면서 나는 새로운 것을 알게 되었다. 그녀는 자신이 물건을 소유할 자격이 없다고 생각했고, 자신이 소유한 것을 몽땅 빼앗길까 봐 두려워했다. 나는 캐리가 한 가지 믿음을 갖기를 바랐다. 자신이 물건을 소유할 자격이 있고 새로 되찾은 인생에서는 실제로 내 것을 가질 수 있다는 믿음이었다.

향상 단계에 이르기까지 우리는 길고 험난한 길을 거쳐야 했다. 우리는 평가 및 방출 단계에서 긴 시간을 보내면서 캐리의 과거와 현재를 다루었다. 그녀는 소유한 물건이 많지 않아서 버릴 것은 별로 없었다. 하지만 폭력적인 가족과 고달픈 상황에서 비롯된 수많은 고통스런 기억과 온갖 부정적 감정이 차곡차곡 쌓여 있었다. 따라서 청소 단계에서 우리는 정화 의식을 치렀다. 캐리는 그게 바보 같은 짓이라고 생각했다. 그 생각을 상당히 원색적인 단어로 수없이 표현했지만 그럼에도 그 의식에 참여했다. 나는 캐리의 아파트에 세이지 가지를 몇 개 남겨놓았는데, 다음번에 갔을 때 그 공간에 불태운 세이지 향이 희미하게 떠도는 것을 알아차렸다.

'꿈꾸라'는 캐리에게 매우 중요한 단계였다. 그녀는 이 단계를 실행한 적이 있었다. 자신을 위한 더 나은 인생을 꿈꾸지 않았다면 그녀는 도움을 청하고 기술을 배우고 직업을 찾음으로써 인생을 바꿀 용기를 결코 갖지 못했을 것이기 때문이다. 그럼에도 캐리는 자신이 어떤 것을 원한다면 그것이 가능해지는 꿈을 꿀 수 있다는 생각을 아직은 편안하게 받아들이지 못했다. 발견 단계도 캐리에게는 무척 중요했다. 그녀는 가진 게 거의 없었기 때문이다. 자선 단체가 운영하는 중고품 할인 매장을 기준으로 삼아도 예산이 빠듯했다. 그래서 캐리는 재활용품을 수거해가는 요일에 동네를 돌아다녔고, 아직 생명이 남아 있는 아주 근사한 오래된 물건을 몇 개 발견했다. 창조 단계에서 우리는 캐리의 손재주가 남다르다는 것을 알아차렸다. 발견 단계에서 찾아낸 가구를 고치고 새로 칠함으로써 캐리는 그 손재주를 훌륭하게 발휘할 수 있었다.

행복한 내 집

이어서 향상을 추구할 단계에 이르렀다. 앞 단계들에서 부딪친 엄청난 난관에도, 캐리는 그 모든 단계를 잘해냈다. 바보 같은 짓이라고 투덜거렸던 정화 의식도 정성껏 치렀다. 그렇기에 그녀가 향상 단계에 적극 참여하지 못하고 줄곧 물러서는 것을 보고 나는 무척 놀랐다. "내게 양초가 무슨 필요가 있어요?" 캐리가 말했다. "나는 새로 꾸민 이 집이 정말 좋아요. 내가 해낸 게 정말 마음에 들어요. 여긴 이제 행복한 곳이에요."

맞는 말이었다. 거긴 행복한 곳이었다. 허전하고 스산했던 공간은 이제 반들반들한 목제 가구와 편안한 소파를 갖추었다. 그곳에서 캐리는 편안하게 쉬면서 하루를 마무리할 수 있었다. 그녀가 재활용품 더미에서 발견한 그림이 식탁 위에 걸려 있었다. 하지만 내가 보기에 거기에는 여전히 뭔가가 부족했다. 필요한 가구는 전부 있었다. 접시도 있고, 그림도 있었다. 하지만 그 이상의 것이 거기에는 없었다. 식물이 없었다. 쿠션이 없었다. 음악이 없었다. 나는 앉을 수 있었고, 음식을 먹을 수 있었다. 하지만 내 오감 중 어느 것도 활기를 띠지 못했다. 손으로 쓰다듬고 싶은 부드러운 것이 하나도 없었다. 공중에 떠도는 은은한 향기가 없었다. 밖에서 울리는 자동차 경적 말고는 들리는 게 없었다.

작고 세세한 것들이 중요하다고 나는 캐리에게 말했다. 향초에 불을 켜는 성냥. 현관에 깔아놓은 러그. 욕실에 비치한 보들보들한 수건.

"바보 같은 짓이에요." 캐리의 대답이었다. 그곳은 또다시 세이지 향으로 가득 찼다. 그곳이 캐리의 영혼의 공간이라는 것을, 내 공간이 아니라는 것을 나는 마침내 깨달았다. 그리고 그냥 내려놓기로 마음먹었다. 하지만 나는 나다. 나는 그걸 완전히 내려놓을 수가 없었다. 아주 간단한 장식음만 덧붙여도 평범한 아파트가 신성한 안식처로 바뀔 수 있음을 누군가에게 알려주는 것이 내 직업인 만큼, 포기할 수가 없었다. 그래서 나는 아름다운 향초를 집들이 선물로 캐리에게 보냈다.

두 주 후, 상냥한 감사 편지가 날아왔다. 초대장도 있었다. 캐리는 영혼의 공간을 창조하는 과정의 마지막 축하 단계에 관해 나와 이야기하고 싶어 했다. 그리고 직장에서 새로운 사람들을 사귀었다면서 그들을 집에 초대하고 싶어 했다.

더 행복한 집

캐리의 아파트에 들어섰을 때 나는 내 눈을 의심했다. 그곳은 완전히 바뀌어 있었다. 현관 옆에 놓인 유리 화병에 해바라기가 한 송이 꽂혀 있었다. 소파 등받이에는 부드러운 순면 담요가 걸쳐져 있고, 조앤 바에즈(Joan Baez)의 목소리가 리드미컬하게 울려 퍼지고 있었다. 뜰도 확 달라졌다. 칠을 하지 않은 나무 울타리 앞에 튤립이 한 줄 심겨 있었다. 캐리는 작은 밭을 일구어 식물과 허브도 심었다. 그리고 그녀가 발견해서 새로 손질한 커피 테이블 위에는 내가 보낸 향초가 타면서 라벤더 향을 은은하게 풍기고 있었다.

"우와!" 내가 말했다. "우와!" 이 말을 나는 열두 번은 했을 것이다. 캐리가 큰 소리로 웃었다. 그 공간을 향상하려는 자신의 노력이 낳은 결과에 무척 기뻐하는 표정이었다. 캐리가 드디어 그렇게 노력하게 만든 계기가 무엇인지 듣고 나도 무척 기뻤다. 바로 내가 보낸 향초였다.

"향초가 배달된 날, 이 건물의 전선에 문제가 좀 있었어요." 캐리가 말했다. "막 샤워를 하려는데 정전이 되었어요. 하지만 나는 모임에 나가야 해서 전기가 들어올 때까지 기다릴 수가 없었어요. 그래서 향초를 켰죠. 그게 모든 걸 바꾸었어요. 정전 때문에 짜증을 내며 작은 욕실에서 샤워하는 내가 순식간에 사라졌어요. 나는 다른 곳에 있었어요. 특별한 곳, 내가 정말로 있고 싶은 곳에요. 전기가 들어왔을 때 정말로 짜증이 나더군요."

은은하게 풍기는 라벤더 향과 일렁이는 촛불 빛 속에서 따뜻한 물로 샤워한 순간이 캐리에게는 변화의 계기였다. 그 향초를 통해 캐리는 사치가 항상 값비싼 물건으로만 가능한 것은 아님을 깨달았다. 일상 활동을 특별한 기쁨으로 바꿔주는 값싼 물건으로도 얼마든지 사치를 즐길 수 있음을 알게 되었다. 이 경험은 캐리가 아파트의 다른 공간도 향상하도록 격려했다. 꽃과 음악과 담요를 곁들임으로써 캐리는 더욱 행복해졌고 정말로 내 집에 왔다고 느꼈다.

오감을 깨우라

영혼의 공간을 창조하는 단계의 많은 것이 큰 생각과 큰 변화를 반드시 요구한다. 내려놓는 것은 어렵다. 꿈꾸는 것도 대단히 어렵다. 반면에 향상 단계는 '작은 변화'에 초점을 맞춘다. 그 작은 변화는 당신의 오감을 풍요롭게 함으로써 콘크리트 건물을 집으로, 가정으로 바꿔준다. 이 단계는 무의식적 이완을 가능케 하는 의식적 디자인에 치중한다. 백합이 풍성한 탁자 위 꽃병. 부엌에 놓인 신선한 과일. 손님을 위해 준비한 깨끗한 수건과 침대 옆의 시원한 물병. 창에 드리운 커튼. 머리를 뉘자마자 포근하고 따뜻한 느낌을 주는, 소파 등받이에 걸쳐둔 캐시미어 담요. 지금 우리는 강한 자극으로 오감을 압도하려는 것이 아니다. 오감을 완화해서 긴장을 풀고 바쁘고 혼잡한 바깥세상을 견디게 해주는 안전한 공간을 만들려는 것이다.

우리의 영혼이 열망하는 것을 이루기 위해서는 우리의 오감을 모두 활용하고 활성화해야 한다. 오감은 제각각 우리에게 깊은 충족감을 준다. 우리는 색깔을 먹고 풍경을 맛본다. 향기를 통해 추억을 되살리고, 소리를 통해 정서적으로 감동한다. 감촉을 통해 "아…… 좋다!"는 말이 절로 흘러나오는 완벽한 이완을 경험한다. 향상 단계에서는 오감을 깨워야 한다. 마음이 열망하는 것을 우리가 창조할 때 그 다섯 가지 감각이 우리를 응원할 것이다. 정형화된 패턴과 판에 박힌 일상으로 우리는 따분하게 침체되어 있다. 우리의 꿈을 표현하도록 도와줄 외적 자극을 곁들임으로써 향상 단계에서 우리는 자기 안에 살아 있는 열정을 끌어낸다.

향상 단계는 많은 노력을 요구하지 않는다. 하지만 당신에게, 당신의 가족과 친구들에게 엄청나게 많은 의미를 선사한다. 향상 단계는 우리가 환영과 돌봄과 사랑을 받는다고 느끼게 해준다. 작은 변화를 추구하는 이 단계에서 당신은 자신이 창조한 공간을 수용하고 예우한다. 그럼으로써 당신 자신과 그 공간을 공유하는 사람들도 예우한다.

시각

우리가 눈으로 보는 것은 그 무엇보다도 우리를 크게 고무할 수 있다. 영원히 바라봐도 질리지 않을 것 같은 아름다운 풍경을 보고 있다고 상상해보라. 당신의 영혼을 매료하는 예술 작품을 보고 있다고 상상해보라. 눈에 보이는 것이 당신을 어떻게 감동시키는지 알아내라. 그리고 당신을 그렇게 깊이 감동시키는 방식에 따라 당신의 공간의 시각적 측면을 구성하고 배열하라. 그럼으로써 당신은 그 공간을 소유하고 그곳과 연결되는 느낌을 증가시킬 수 있다.

우리가 보는 것은 마음에 고스란히 새겨지고 물건의 배치와 분위기에 대한 미세한 정보를 넌지시 알려준다. 지금껏 우리는 많은 시간을 들여서 이상적인 환경을 창조했다. 이제는 시각적으로 서로 어울리지 않을 수도 있는 것들을 재확인해야 한다. 당신의 영혼의 공간을 시각적 향연으로 만드는 몇 가지 요령을 소개하겠다.

- 그림은 반드시 눈높이에 맞춰 걸어라. 소유한 그림을 너무 높거나 낮게 거는 사람이 많다. 그러면 그림이 부유하거나 가라앉는 것 같은 느낌이 든다. 어떤 사람들은 바닥에서 1.5미터 높은 곳을 권한다. 소위 '갤러리 높이'다. 하지만 당신의 공간에 사는 사람들이 키가 무척 크거나 무척 작으면 어떻게 할까? 다함께 그림을 감상할 수 있도록 구성원들의 키에 맞게 높이를 조절하는 것이 좋다.
- 작업을 위한 조명은 밝게! 로맨스를 위한 조명은 어둡게! 대상을 강조하기 위한 조명이 따로 있고, 유혹하기 위한 조명이 따로 있다. 독서에 적합한 조명, 설거지에 알맞은 조명이 다 따로 있다. 대부분의 사람이 한 종류의 조명을 고수한다. 우리는 수많은 감정을 지니고 있으며 집에서 다양한 방식으로 존재한다. 조명은 기분을 바꿔주는 중요한 도구다. 단순히 불을 켜거나 끄지 말고, 서로 높이가 다른 양초와 램프와 전등을 이용해보라. 그러면 필요할 때 밝기를 높이거나 낮출 수 있다. 밝기 조절 장치를 사용할 수 있는 곳에서는 적극 활용하라. 그 장치는 당신이 이용할 공간과 목적에 맞게 빛을 조절하는 훌륭한 방법이다.

- 커튼 역시 기분을 바꿔주는 훌륭한 도구다. 얇은 커튼, 우아하게 늘어진 커튼, 접이식 커튼, 블라인드, 롤 스크린 등. 나는 사생활을 지켜주면서도 빛을 투과시켜서 방을 밝혀주는 커튼을 찾는다.

청각

바다나 폭포나 새 군락지 근처에 살고 있는 사람은 운이 좋다. 긴장을 풀어주는 아름다운 소리로 당신의 귀는 항상 즐거울 테니까. 귀뚜라미 소리를 들으며 잠이 든다면 당신은 그 공간에 약간의 장식음을 이미 곁들인 것이다. 수탉 소리를 들으며 잠에서 깨는가? 그렇다면 당신은 날개 달린 짐승이 전부 사랑스런 노래를 부르는 건 아니라는 것을 이미 알고 있을 것이다.

이웃의 망치 소리나 개 짖는 소리, 자동차 시동 거는 소리보다 훨씬 더 듣기 좋은 소리를 당신의 공간에 들여놓을 수 있다. 그 종류도 다양하다. 마우이섬에서 제이슨과 나는 수탉 울음소리에, 가끔은 찌르레기의 비명 소리에 잠에서 깬다. 집을 지을 동안에 우리는 길가 바로 옆의 방갈로에서 살았다. 거기는 차가 지나가는 소리가 하루 종일 들렸다. 작고 깔끔한 우리 집을 그 요란한 소음과 분리하기 위해 우리는 키 큰 생강 꽃을 일렬로 심고 중고품 웹 사이트에서 50달러를 주고 작은 분수를 샀다. 분수는 끝없이 물이 흘러서 산비탈을 질주하는 트럭 소리보다 훨씬 유쾌하고 편안한 소리를 들려주었다. 어떻게 하면 당신의 공간을 아름다운 소리로 채울 수 있을까?

- 집에 소리를 추가할 때는 거슬리는 소리 ─ 도로 소음, 이웃집 TV 소

리 등 ― 를 차분한 음악 같은 잔잔한 소리로 대체하라.
- 바다 근처에 살고 있는 사람은 우리의 귀가 특정 소리에 익숙해지면 어느 순간부터 그 소리가 잘 들리지 않는다는 것을 알고 있을 것이다. 그 소리는 백색 소음이 된다. 당신의 공간에 항상 존재하는 소리가 잘 들리지 않는다면 변화를 시도하라. 다양한 소리를 들어보고, 그 소리가 어떤 느낌을 주는지 알아보라. 록 음악 소리와 풍경 소리는 영혼에 매우 다른 영향을 끼친다.
- 뒤뜰의 분수 같은 물소리는 듣기에 즐거워도 다른 소음을 완전히 덮어 가리기에는 부족하다. 하지만 그것은 당신이 소음 말고도 귀를 기울일 수 있는 소리를 제공한다. 새소리나 강물 소리 등, 자연의 소리가 녹음된 음반을 구입해도 좋다.
- 당신이 가장 좋아하는 음반은 언제나 훌륭한 선택이다. 제이슨은 온화하고 차분한 음악을 항상 틀어놓는다. 내게는 더 많은 휴식이 필요하고 긴장을 풀어주는 잔잔한 음악은 내가 현관을 들어서는 순간부터 하루의 피로가 저절로 풀리게 도와준다고 그는 생각한다.
- 현관이나 창가에 걸어놓은 풍경 소리를 좋아하는 사람도 있고 그 소리가 거슬린다는 사람도 있다. 당신이 좋아하는 소리는 무엇이든 당신의 공간에 반드시 들여놓아라!

촉각

촉각은 육체적 안락과 관계가 있다. 이 감각은 천이 피부에 닿는 느낌부터 소파에 푹 파묻히는 느낌, 침대에 드러누운 느낌에 이르기까지 당신의 온몸을 필요로 한다. 촉각은 우리가 지닌 가장 중요한 감각 중 하나다. 그래서 캐시미어, 모피, 벨벳, 두툼하고 부드러운 카펫과 러그 같은 고급스런 패브릭이 몸에 닿을 때 우리는 깊고 강렬하고 특별한 뭔가를 느끼고 풍요롭고 안락하고 돌봄을 받는 느낌을 경험하는 것이다.

집에서 당신은 슬리퍼를 신는가, 아니면 맨발로 돌아다니는가? 슬리퍼를 신는다면 그것은 두 발의 부드럽고 편안한 안식처인가? 맨발로 돌아다닌다면 바닥은 어떠한가? 걷기에 즐거운가? 바닥이 부드럽고 시원한가? 매끈거리는가? 당신은 바닥을 매일 쓸고 닦는가, 아니면 필요할 때만 진공청소기를 돌리는가?

당신의 침구는 어떠한가? 수건은? 목욕 가운은 어떠한가? 집에서 우리는 항상 물건을 만지고, 그 물건도 우리를 만진다. 부드럽고 깨끗하며 당신의 경제력 안에서 가장 품질 좋은 물건을 구비하라.

- 편안한 느낌을 주는 패브릭을 바닥에 깔아라. 러그와 카펫은 당신이 집의 다른 구역에 들어섰다는 것을 당신의 발이 느끼게 해주는 훌륭한 방법이다. 털이 길고 몽글몽글한 카펫 위를 걷는 것은 특히 즐겁다. 소든 하우스의 손님용 욕실 바닥은 매끄러운 돌로 만들어졌다. 한 친구는 그 집에서 그 욕실이 제일 마음에 든다고 했다. 그 돌바닥을 딛고 돌아다니면 자신의 두 발이 엄청나게 행복해한다는 게 이유였다.

- 린넨은 촉각에 중요한 도구다. TC(thread count: 사방 1인치 안에 교차되는 씨실과 날실의 개수) 숫자가 클수록 부드럽다. 그러니 세심하게 살펴

라! 300TC 이상이 이상적이다. 담요 역시 중요하다. 특히, 추운 지역에서 살고 있는 사람에게 담요는 침실은 물론이고 거실과 서재에서도 요긴하게 쓰인다. 순모나 실크, 순면, 캐시미어로 만든 얇은 담요를 손닿는 곳에 몇 장 놓아두어라. 그 물건은 추위에 떠는 사람을 금세 행복하게 해준다.

- 베개와 쿠션도 촉각을 자극한다. 베개에 머리를 누이거나 등을 기댈 때 그 베개는 말 그대로 당신을 지지한다. 당신을 떠받쳐서 근육이 긴장을 풀고 이완할 수 있게 해준다. 보기에도 좋고 느낌도 좋은 크고 폭신폭신한 쿠션을 반드시 소유하라.

후각

아침에 출근하기 전에 뿌리는 매혹적인 향수, 사무실 근처 빵집의 갓 구운 도넛, 저녁 식탁에 오른 매콤한 카레. 아침, 점심, 저녁, 하루 종일 우리의 코는 아름다운 향기와 고약한 악취의 연쇄 공격을 받는다.

향기를 이용해서 공간을 향상시키는 것은 우리를 응원하는 탁월한 방법이다. 현관에 들어서는 순간부터 좋은 향기로 당신의 감성을 대접하라. 당신의 공간을 쾌적하고 깔끔하게 유지하고 우아한 향기로 가득 채워라. 그러면 당신은 실제로 문득 멈춰 서서 재스민 향을 맡게 된다. 향기를 공간에 들여놓는, 내가 무척 좋아하는 방법을 소개하겠다.

- 꽃은 눈과 코를 위한 향연이다. 향기가 특히 뛰어난 꽃으로는 월하향, 백합, 장미, 재스민이 있다. 어렴풋한 향기가 지난 추억을 폭발적

으로 되살려준다는 것을 깨달은 순간이 있는가? 어머니 생신 때마다 나는 가드니아를 샀다. 어머니는 가드니아를 좋아하셨고, 어머니가 쓰는 향수는 항상 가드니아 향이었다. 가드니아에 둘러싸여 있을 때 나는 어머니가 나를 둘러싸고 있는 느낌이 든다.

- 나는 천연 아로마 오일을 넣은 향초를 정말 좋아한다. 방을 물들이는 은은한 불빛은 물론이고 향초를 규칙적으로 켜놓는 방에 배어 있는 은은한 향이 좋기 때문이다. 바다 냄새는 나를 진정시킨다. 그래서 긴장을 풀고 싶을 때 바다 냄새가 나는 향초를 켠다.
- 아로마 오일 램프는 향기를 공간에 들여놓는 또 다른 훌륭한 도구다. 용기에 물을 넣고 당신이 좋아하는 농축 오일을 몇 방울 떨어뜨린 후 그 밑에 양초를 켜놓아라. 완벽하다!

공간에 적합한 향

- 식당에서는 음식의 향을 보완하고 당신이 먹고 있는 음식의 냄새를 압도하지 않는 향을 사용하라. 가벼운 레몬 향이나 로즈마리 향이 무거운 향이나 꽃 향보다 적절하다.
- 주방에서 향은 우리에게 안정감을 준다. 빵을 굽거나 케이크를 만드는 것은 마음을 편안하게 해주는 훌륭한 방법이다. 맛있는 음식을 마련할 뿐 아니라 빵 굽는 냄새가 온 집 안에 퍼지기 때문이다. 나는 어머니가 차돌양지 덩어리를 오븐에 넣어 몇 시간 동안 굽던 것을 기억한다. 내게 차돌양지는 지극한 안락을 의미한다. 그 냄새만 맡아도 마음이 더없이 편안해지기 때문이다. 그래서 가끔 한 번씩 나는

두툼한 차돌양지를 오븐에 넣어 굽는다. 가정의 아늑함이 정말로 필요할 때 특히 그렇게 한다. 쓰레기는 보이지 않게 치워서 주방에서는 항상 상쾌한 냄새가 나게 하라. 쓰레기를 자주 버리고, 쓰레기통은 식사하는 공간에서 멀리 떨어진 곳에 두어라.
- 욕실은 향을 들여놓기에 훌륭한 공간이다. 세수할 때 당신은 상쾌하고 깨끗한 느낌을 원할 것이다. 그러니 욕실을 위해서는 상쾌하고 깨끗한 향을 고르는 것이 당연하다.
- 당신은 침실이 로맨틱한 느낌을 풍기기를 원할 것이다. 그렇다면 장미나 재스민 같은 꽃향기를 찾아보라.
- 작업실에서 우리는 활기가 넘치고 집중력을 발휘하기를 원한다. 계피 향을 시도해보라. 계피는 당신의 감각을 명료하게 깨워준다.

미각

맛은 우리를 세계와 이어준다. 아기가 뭐든지 입에 넣으려고 하는 것을 본 적이 있는가? 아기가 그렇게 하는 이유는 맛이 우리가 세상을 탐험하는 본능적 방법 중 하나이기 때문이다.

미묘한 풍미를 알아채고 감동하는 사람이 만든 요리와 패스트푸드 햄버거의 차이를 생각해보라. 당신은 그 하얀 빵을 천천히 씹으면서 참깨가 아주 맛있다고 감탄하는가? 아니면 허겁지겁 한 입에 쑤셔 넣고 다른 일을 하러 가는가? 호사스런 만찬은 어떠한가? 와인을 곁들여 만찬을 풀코스로 즐기면서 싱싱한 허브 덕에 샐러드 소스가 훨씬 더 상큼하고 크렘 브륄레에 라벤더 향이 감돈다는 것을 알아차릴지도 모른다.

맛의 힘을 이용해서 당신의 공간과 인생과 당신 자신을 향상하라. 매일 저녁 당신의 만찬을 준비해줄 미슐랭 스타 셰프를 고용할 필요는 없다. 식탁에 놓은 신선한 과일 그릇과 호기심과 감동이면 충분하다.

- 시장에서 특이한 과일을 보았다면 집으로 가져오라. 색다른 음식을 먹어보는 것은 우리의 미각과 주의를 항상 예리하게 유지시키고 틀에 박힌 패턴에서 우리를 알게 모르게 끌어낸다. 처음 보는 과일과 채소는 우리가 세상의 모든 것을 시도하진 않아도 새로운 경험과 가능성에 항상 열려 있어야 한다는 것을 일깨워준다. 생명의 나무에 달린 열매를 더 많이 맛봐야 한다는 것을 상기시킨다.
- 특별한 날을 위한 저축을 중단하라. 당신은 로맨틱하고 초콜릿 딸기를 좋아하는가? 그렇다면 어째서 연인이 그것을 사주기를 기다리는가? 당신의 미각을 규칙적으로 충족시키고 당신의 공간에서 새롭고 맛있는 음식을 먹음으로써 맛에 대한 경험을 향상하라.
- 물병에 얇게 저민 오이나 레몬을 넣고 허브를 몇 잎 더해서 물맛을 상쾌하게 바꿔라. 오이와 민트 또는 오렌지와 로즈마리 또는 레몬과 라임과 바질을 시도해보라.
- 일상 요리에 신선한 허브를 더하라. 창턱에 바질이나 민트, 파슬리, 차이브, 로즈마리 화분을 키워보라. 허브는 혀를 즐겁게 해줄 뿐만 아니라 눈도 시원하게 해준다.

장식을 덧붙이기

향상 단계는 공간의 크기와 상관없이 당신이 정말로 안락하고 호사스런 곳에서 살고 있다는 느낌을 창조하는 것과 관계가 있다. 당신이 항상 누릴 수 있는 풍요와 안락을 그 공간에 집어넣어라. 시각, 청각, 촉각, 후각, 미각, 어떤 감각을 통한 안락이든 상관없다. 당신이 집에 들어설 때 그 모든 감각이 활발하게 자극받아야 한다.

　이 연습에서 당신이 해야 할 일은 각각의 감각을 위한 장식을 덧붙이는 것이다. 다섯 가지 감각을 활성화하는 물건을 적어도 하나씩 방마다 놓아라. 기억하라. 당신의 공간을 온갖 색깔과 냄새가 난무하는 인도의 노천시장처럼 꾸미라는 말이 아니다. 방마다 다른 향을 피우고 다른 음악을 틀어놓고 다른 패브릭을 놓으려고 하지 마라. 그러지 말고 당신의 다섯 가지 감각을 다정하게 보살펴서 당신의 영혼이 편안하게 쉴 수 있는 장소로 만들어라.

지수화풍

흙, 물, 불, 공기. 진정한 영혼의 공간은 자연의 이 네 가지 요소를 골고루 갖추어야 한다. 현대인의 생활에는 4대 요소가 자주 제거된다. 지수화풍(地水火風)을 집에 들여놓음으로써 우리는 자연 세계와 깊이 연결되고 우리가 자연의 일부, 4대 요소의 일부라는 것을 깊이 깨닫는다.

흙

흙은 우리에게 아주 많은 것을 말해준다. 우리는 귀를 기울이지 않지만 흙은 항상 말하고 있다. 모든 것이, 모든 돌멩이와 모든 잎사귀와 바람조차 우리에게 해줄 말을 갖고 있다. 몇 세대 전만 해도 우리는 흙과 훨씬 더 가까이 살았다. 우리는 계절이 변하는 것을 지켜보고 매순간 귀를 기울였다. 씨앗을 뿌리고 결실을 거둘 때를 잘 알고 있었다.

모든 것에는 때가 있다. 우리는 새싹을 재촉하고 수확을 서두른다. 심지어 자신의 꿈도 마구 몰아붙인다. 당신의 집에서 흙의 요소로 주변을 에워싸라. 산과 들을 묘사한 그림과 식물, 돌멩이, 크리스털 원석 등을 주변에 놓아라. 그럼으로써 당신은 자신의 참된 본성을 알아차리고, 당신의 공간은 살아 있는 느낌이 들 것이다.

삼나무 군락지나 깊은 숲 한복판에 서 있어본 적이 있는 사람은 대자연의 힘을 알고 있다. 자연은 항상 그 자리에서 우리를 응원한다. 우리는 자연을 집으로 데려오기만 하면 된다.

- 무럭무럭 자라는 살아 있는 식물을 당신의 공간에 필히 놓아두어라. 당신이 원예에 재주가 있든 없든, 그곳에는 당신만을 위한 식물이 있어야 한다. 근처 꽃 시장을 찾아가라. 당신의 욕구와 공간에 완벽하게 맞는 식물을 알려줄 것이다.
- 근사한 수석이나 크리스털 원석으로 공간을 장식해도 좋다. 자수정이나 석영 원석 같은 것을 놓아두어라. 그 물건은 당신의 공간에 흙의 요소를 더하고 그곳을 아름답고 우아하게 장식한다. 나는 내 집

곳곳에 크리스털 원석을 놓아둔다. 아름답기 때문이기도 하고, 그것이 땅속 깊은 곳에서 생겨난다는 것을 무의식적으로 상기시키기 때문이기도 하다. 내 발은 항상 땅을 굳게 딛고 있어야 하지만 내 꿈은 자유롭게 하늘 높이 날아야 한다는 것을 그 원석은 내게 상기시킨다.

물

물은 우리에게 흐름과 균형에 대해 가르친다. 비가 내리고, 빗물이 강이 되어 흐르고, 증발해서 구름이 되고, 구름은 비로 내린다. 강은 우리를 드넓은 바다로 이끈다. 물은 움직이고, 어디로든 끝없이 흐른다. 물을 가둬둘 수도 있지만 잠깐 동안만 가능할 뿐이다.

물이 가득 찬 그릇을 기울이면 밖으로 쏟아진다. 물은 균형이 얼마나 중요한지 보여준다. 자신이 가진 것을 오래 간직하기를 원한다면, 자신의 본성이 앞만 보고 질주하지 않기를 원한다면, 우리는 균형을 잡아야 한다.

물에는 모서리가 없다. 이것은 우리 내면에도 날카로운 모서리가 없어야 한다는 것을 일깨워준다.

- 물속이나 물가에서 시간을 보내는 것은 우리의 내적 균형에 대단히 중요하다. 매일 신선한 물을 많이 마시는 것 역시 중요하다. 침대 옆에 물병과 컵을 항상 놓아두어라.
- 수영장, 자쿠지, 가습기, 분수, 어항, 하다못해 물과 돌멩이를 가득 채운 그릇을 이용해서 당신의 공간에 물의 요소를 집어넣어라.

- 우리의 육체는 물에 푹 잠기는 것을 갈망한다. 매일 샤워하거나 목욕하면서 비누칠을 하고 거품을 헹구는 사이에 심호흡을 하고 명상을 하라. 그러면 당신은 자신이 태어난 물과 재연결될 수 있다. 촛불을 켜놓고 목욕함으로써 당신의 영혼의 공간에서 불과 물을 동시에 경험할 수 있다.

불

불은 우리 내면에 살아 있는 열정을 타오르게 한다. 불은 정신을 성장시키고 영혼을 살찌운다. 불을 통해 우리는 자신의 가장 강렬한 에너지와 재연결된다. 불가에서 사랑하는 사람의 품에 안겨 있는 것은 로맨틱할 뿐만 아니라 젊음을 되찾아준다. 야외에서 모닥불을 피우고 가족과 친구들과 둘러앉을 때 우리 안에 존재하는 원시적인 어떤 것이 깨어난다. 촛불을 켜놓고 음식을 먹는 것은 우리에게 잠깐 멈추고 숙고하고 음미할 것을 상기시킨다. 열정은 '가슴 속의 불꽃'으로 자주 묘사된다. 불에서 생겨나는 열정을 우리는 대체로 감지하지 못한다. 그것은 그냥 사그라지고 만다. 우리는 누구나 불을 찾아야 한다. 불은 우리가 원하는 변화를 추구하는 데 필요한 에너지를 제공한다.

- 불의 요소를 침실에 들여놓아라. 그럼으로써 당신은 자신의 가장 강한 열정과 연결되고 그 열정을 표현할 수 있다. 한 줄로 놓은 아름다운 촛불은 열정을 일으킬 뿐 아니라 익숙한 것을 감동적인 것, 흥미로운 것, 색다른 것으로 바꿔놓는다.

- 주황, 빨강, 노랑 유광 페인트로 칠한 벽은 빛과 에너지를 반사한다.
- 빨강, 주황, 노랑 같은 불의 색을 지닌 꽃들도 불의 요소를 연상시킨다.
- 성냥을 쓰지 않고도 불의 요소를 더할 수 있다. 방의 구석에 업라이트 조명을 놓아서 빛을 소유하고 강조하라.

공기

공기는 항상 우리 주위에서 우리의 피부를 만지고 얼굴을 쓰다듬고 폐를 채우고 우리를 살아 있게 한다. 우리의 얼굴에 부딪치는 바람에는 이웃집 나무의 꽃가루가, 근처 식물이 내뿜은 산소가, 오늘 아침에 내린 비의 물기가 실려 있다.

꿈을 추구하고 영혼의 공간을 향상하고 있을 때 깊이 호흡할 수 있어야 한다. 생명의 숨결을 실제로 깊이 들이마셔서 당신의 온몸을 깨끗하고 달콤한 공기로 가득 채울 수 있어야 한다. 심호흡을 통해 공기를 들이마시는 행위는 이 생을 더욱 깊고 풍부하게 경험하도록 돕는다.

당신의 공간을 항상 깨끗하고 상쾌한 공기로 채우는 것이 필수적이다.

- 창문을 열어 바깥 공기가 들어오게 하라.
- 선풍기를 이용해서 공기를 순환시켜라.
- 천연 세제를 이용해 물건을 항상 깨끗하게 유지하라(126~128쪽을 보라).
- 향초와 싱싱한 꽃은 공기에 달콤한 향을 더한다.
- 녹색식물을 많이 키우면 공기가 정화된다.

지수화풍을 더하기

각 요소를 상징하는 물건을 적어도 하나는 당신의 공간에 반드시 놓아서 자연과의 균형을 유지하라. 특정 요소가 지나치게 많거나 부족하면 그 공간이 '뭔가 어긋난' 것처럼 보인다. 네 가지 요소가 적절하게 공존할 때 당신은 안정감을 느끼고 자신의 원시적인 부분과 항상 연결될 수 있다.

이 연습은 대규모 작업이 될 수도 있고 아주 간단한 행동으로 끝날 수도 있다. 뜰(공기)을 개조해서 연못(물)과 화덕(불)과 텃밭(흙)을 만들어라. 아니면 바닥에 돌(흙)을 깔고 물을 채운(물) 투명한 화병에 대나무를 꽂고 향초(불과 공기)를 켜도 좋다.

새로운 영혼의 공간에서
살며 사랑하라.

당신의 인생을 많이 칭찬하고 축하할수록
축하할 일이 많아진다.

– 오프라 윈프리(Oprah Winfrey)

축하하라

캐리는 삭막한 아파트를 새로 꾸미고 내 권유에 따라 장식음을 덧붙여서 그 공간을 향상하고 아늑한 영혼의 공간으로 만들었다. 그러자 그렇게 바뀐 공간을 새로 사귄 사람들과 함께 즐기고 그들에게 자랑하고 싶은 마음이 생겼다. 이제 캐리와 나는 그 새로운 욕구를 중심으로 대화를 나누었다. 캐리는 이미 마약을 끊었고 기술을 익혀서 새 인생을 격려하는 변화를 완성했다. 도움을 청하고 자신이 처한 상황을 바꾸었다. 자기 공간에 실제로 관심을 기울였고 꿈을 찾았고 자신을 위한 소망을 품게 되었다. 그럼으로써 캐리는 희망으로 부풀었고 진정으로 만족할 수 있었다. 이제 그녀는 자신이 얼마나 멀리 왔는지, 자기 자신과 세상에 얼마나 많이 베풀었는지 다른 사람들에게 보여주고 인정받고 칭찬받을 준비가 되어 있었다. 새로 찾은 인생에서 친구들을 늘려나가고 그들에게 응원을 부탁할 때가 된 것이다.

스스로 축하하라

축하하는 방법은 굉장히 많다. 그리고 축하는 우리가 살아가면서 충분히 행하지 않는 한 가지 행위다. 우리가 존재하는 이유는 기뻐하고 즐기기 위해서라고 나는 믿는다. 우리는 불만을 털어놓아야 한다는 것을 기억하고, 세탁소에 맡긴 옷을 찾아와야 한다는 것을 기억한다. 하지만 인생을, 직업을, 가족과 친구, 자기 자신을 축하해야 한다는 것은 잊고 있다. 축하는 고마움을 표현하고 우리가 살고 있는 일상에 감사하는 한 가지 방법이다. 이유를 만들어서 모든 것을 축하하라! 우리가 살아갈 시간은 정말로 짧다. 축하는 너무도 간단하다. 하지만 우리는 축하를 너무 자주 잊는다. 축하는 우리에게 많은 기쁨을 주고, 기쁨은 더 많은 열정을 일으킨다. 열정이 우리의 꿈을 이루게 한다.

대규모 축하 파티나 작은 모임을 위해 사람들을 초대하기 전에 먼저 해야 할 일이 있다. 새로 꾸민 당신의 공간을 혼자서 또는 함께 사는 사람과 충분히 감상하고 즐기고 축하하라. 캐리의 경우에는 뜰에 심은 튤립이 만발했고 작은 텃밭에는 상추와 허브가 무성하게 자랐다. 그녀는 항상 요리를 배우고 싶어 했기 때문에 친구가 적극 추천한 요리 책을 한 권 샀다. 그리고 자신을 위해 맛있고 건강한 저녁을 준비했다. 그날 저녁, 캐리는 직접 기른 채소로 만든 샐러드와 직접 요리한 음식을 먹었다. 캐리에게 그 저녁 식사는 최고급 레스토랑에서 일류 요리사가 만든 희귀한 송로 버섯 요리보다 훨씬 풍요롭고 영양가 높은 음식이었다.

캐리가 자신의 공간을 충분히 즐기고 그곳이 다양한 방식으로 자기 인생을 풍요롭게 해주고 있음을 느끼는 것이 무엇보다 중요했다. 집은 우리가 통제할 수 있는, 세상에서 유일한 공간이다. 그곳에서 우리는 안전하고 성장한다는 느낌을 주는 환경을 마음껏 창조할 수 있다. 집은 당신 인생의 토대다. 항상 문을 활짝 열어놓고 당신을 기다리는 곳이다.

앞선 일곱 단계를 마쳤다면 당신이 해낸 모든 것을 축하하는 것이 중요하다. 와인이나 차를 한잔 들고 편안하게 기대앉거나 집 안을 돌아다녀라. 당신이 창조한 아름다운 작품을 진정으로 수용하고 감상하라.

주변 사람들과 함께 축하하라

캐리는 새로 꾸민 영혼의 공간을 자축했고, 그 과정에서 정말로 내 집에 있는 편안한 느낌을 경험했다. 이제 그녀는 다른 사람들을 초대해서 자신이 새로 얻은 행운을 공유할 준비를 갖추었다. 스물여덟 번 째 생일이 다가오고 있었다. 캐리는 자신이 원했던 모습이 된 제 자신을 예우하고 가족처럼 다정한 주변 사람들의 응원에 감사하는 축하 파티를 열기로 했다.

파티를 주도하는 캐리는 타고난 안주인이었다. 마치 귀족 학교에서 상류층의 매너와 교양을 전문적으로 배운 것처럼 우아하고 기품이 있었다. 그녀는 간단한 애피타이저와 얇게 구운 피타 브레드와 후무스 (humus: 병아리 콩을 으깨서 양념한 중동 요리), 큰 접시에 가지런히 담은 치즈와 올리브와 함께 크루디테이(crudités: 익히지 않은 채소만 썰어서 버무린 요리)를 대접했다. 누군가가 다른 손님들과 안면이 없어 서먹해하면 캐리는 그 사람을 간단히 소개해서 모든 사람이 편안하게 어울리도록 배려했다.

나는 캐리에게서 정말로 깊은 인상을 받았다. 그녀의 강인한 정신과 용기에, 마침내 자기 집에 이르러서 얻은 편안하고 자연스런 태도에 매혹되었다. 그녀는 정말로 집에 이르렀고 정말로 편안해 보였다. 캐리가 할 수 있다면 누구든지 할 수 있다. 그녀는 역경을 잇달아 겪었고 인생을 180도 바꾸었다. 노숙자로 떠돌다가 이제는 아늑하고 아름다운 자기 집을 갖게 되었다. 그곳에서 캐리는 안전감을 충분히 느꼈고 문을 열어 다른 사람들을 자기 공간에 들여놓았다. 마음을 열어 그 모든 사람이 착하고 친절하고 다정하다는 생각을 받아들였다. 자기 집에 기꺼이 그들을 초대해서 축하를 받음으로써 캐리는 자신이 그들을 전적으로 신뢰한다는 것을 보여주었다. 그리고 그들은 캐리가 깊이 신뢰해도 좋을 사람들을 이제야 찾아냈음을 보여주었다.

친구와 가족을 초대해서 새로 찾은 당신 자신과 새로 꾸민 당신의 영혼의 공간을 축하하라. 이렇게 축하할 때 당신의 꿈과 희망을 표현하고 추구하는 여행에서 당신을 응원해줄 더 크고 튼튼한 지지 기반이 생겨난다. 자신의 참모습을 되찾고 자기 공간을 즐기고 자신을 응원하는 친밀한 지지 기반을 갖출 때 당신은 무엇이든 성취할 수 있을 것 같다고 느끼게 된다.

자신을 드러내고 새로워진 자기 공간을 주변 사람에게 드러내는 것이 겁날 수도 있다. 하지만 시도할 가치가 충분한 일이다. 내 말을 믿어라. 꿈을 이루려 노력할 때는 응원이 절대적으로 필요하다.

자기 공간과 더 많이 연결되고 자신을 더욱 창의적으로 표현할수록 그 공간에서 다른 사람들에게 자신을 더욱 편안히 드러내게 된다. 내 집에서 평화로울수록 세상을 더욱 평화롭게 만들 수 있다.

해피엔딩으로 마무리하라

브라이언은 시나리오작가로 성공하겠다는 꿈을 안고 로스앤젤레스로 왔다. 하지만 2년째 변두리에서 근근이 살고 있었다. 벤틀리를 몰고 다니고 시상식장에서 수상 소감을 말하는 대신에 그는 복사 가게에서 근무하면서 그 밖에 아무 일이나 닥치는 대로 했다. 시나리오작가로서 그때까지 그가 거둔 가장 큰 성공은 대학 졸업 후 받은 각본상이었다. 이제 브라이언의 꿈은 급속도로 작아지고 있었다. 그 분야에서 성공하기가 불가능에 가깝다는 것을 알아채고 있었기 때문이다.

그럼에도 대단히 낙천적인 태도에 크게 감동해서 나는 그를 의뢰인으로 기쁘게 맞았다. 다른 사람들은 진즉에 포기했을 일이지만 브라이언은 한결같이 목표를 고수했다. "제가 시나리오를 얼마나 많이 써야 하든 상관없어요." 근무 중에 허용된 10분의 쉬는 시간에 나와 대화하려고 밖으로 달려 나왔기 때문에 그는 속사포처럼 말을 했다. "그걸 얼마나 많이 보내고 퇴짜 맞든 상관없어요. 나에겐 재능이 있어요. 이 길로만 계속 간다면, 계속 시나리오를 쓴다면 나는 성공할 거예요."

브라이언의 이 말은 자신의 재능을 알고 있는 성숙한 사람의 자세를 보여준다고 나는 생각했다. 우리 중 많은 이가 비관에 빠져 살면서 변명을 늘어놓고 자신의 창의적인 노력을 폄하한다. "이 작품은 형편없어", "내 작품이 마음에 안 든다고 하면 어떻게 하지?"라고 걱정한다. 세상을 향해 "이 작품은 내가 쓴 거야. 정말 잘 썼어"라고 주장하지 못한다. 우리가 자기 자신을 인정하지 않는데 세상이 어떻게 우리를 인정하겠는가? 이렇게 생각했기 때문에 나는 브라이언이 내가 찾던 바로 그 사람, 꼭 함께 작업하고 싶은 사람이라고 확신했다.

그러나 방 한 칸짜리 그의 아파트에 들어서는 순간, 내 확신은 여지없이 무너졌다. 브라이언은 바닥에 매트리스를 깔고 잠을 잤고, 어느 곳이든 먼지가 수북했다. 만화책이 사방에 흩어져 있었고, 냉장고에는 포장 판매 음식뿐이었다. 시나리오를 쓰는 전용 공간도 없었기 때문에 매트리스 위에서 또는 TV 앞에서 노트북을 켜놓고 가끔씩 몇 줄 끼적였다. 그는 발달 장애를 겪고 있는 미숙아처럼 보였다. 그가 사는 공간은 미숙한 정신을 반영하고 있었기 때문이다. 따라서 나는 자기 재능에 대한 그의 자신감이 현실에 근거한 것이 아니라 자신의 이상에 대한 집착과 착각에서 나온 게 아닐까 의심했다.

당장 해결해야 할 문제가 무엇인지 분명히 보였다. 그중 몇 가지는 영혼의 공간을 창조하는 과정의 앞 단계에서 거의 즉시 해결되었다. 잡다한 집안일을 처리하기 위해 체크 리스트를 만들 필요가 있다는 데 브라이언은 수긍했다. 일주일에 한 번씩 도우미를 고용해서 먼지 덩어리를 치울 경제적 여유가 생길 때까지 그는 그 체크 리스트에 따라 스스로 집안일을 해야 했다. 자기 공간을 깨끗하게 유지함으로써 브라이언은 사람들을 기분 좋게 초대할 수 있을 터였다. 이것은 나와 한 첫 상담에서 그가 말한 목표 중 하나였다.

"저는 사실 친구가 하나도 없어요." 바닥에 깔린 매트리스에 함께 앉아 있을 때 브라이언이 말했다. "예전에는 아주 많았어요. 하지만 우리는 술집과 클럽에서 놀았어요. 이젠 다들 약혼했거나 결혼했어요. 그 친구들은 서로 집에 모여서 식사를 하며 놀고 싶어 해요. 친구들은 저를 초대하곤 했어요. 하지만 언제부턴가 제가 가는 걸 그만뒀어요. 제 집은 친구들을 초대할 만한 곳이 결코 못 되거든요."

브라이언이 반드시 해결해야 하는 또 하나의 영역은 '일'이었다. 우리는 커다란 옷 방을 작업실로 바꾸었다. 그곳에서 그는 시나리오 집필에 열중할 수 있었다. 우리는 그가 받은 각본상 상패를 선반에 돋보이게 놓았다. 그 상패를 볼 때마다 그는 자신의 잠재력을 떠올릴 수 있었다.

축하 단계는 여러 면에서 브라이언의 영혼의 공간을 창조하는 과정에 필수적이었다. 새로 꾸민 공간을 다른 사람들에게 열어 보여주기 전에 혼자서 자축할 필요가 있다고 내가 말하자 그는 즉시 이렇게 대답했다. "일요일에 중요한 경기를 중계방송해요. 맥주를 마시면서 편안하게 그걸 볼 거예요."

그것은 내가 원하는 장면이 결코 아니었다. 나는 브라이언에게 자신을 위해 요리를 하고 우리가 새로 놓은 공간 절약형 식탁에 앉아 먹으라고 권했다. (그 식탁은 상판에 경첩이 달려 있어서 공간이 필요할 때 접어서 크기를 줄일 수 있다.) 우리는 타협했다. 브라이언은 맛있는 태국 요리를 사다가 새로 산 식탁에서 먹겠다고 약속했다.

당신 자신과 새로운 영혼의 공간을 축하하기

새로워진 영혼의 공간을 즐기는 첫 번째 단계는 자축하는 것이다. 다른 사람과 함께 살고 있더라도 당신이 주체가 되어서 그 공간을 열심히 꾸몄다면 당신은 축하와 대접을 받을 자격이 있다.

정성껏 준비한 저녁 식사도 좋고, 침대에서 느긋하게 아침 식사를 한 후 늦잠을 자는 것도 좋다. 당신을 기분 좋게 해주는 것은 무엇이든 하라. 당신의 새로운 영혼의 공간에서는 바로 그렇게 축하해야 한다.

그 공간을 혼자서 충분히 즐겼다고 생각되면 같이 살고 있는 사람들과 저녁을 보낼 계획을 세워라. 함께 공유할 그 공간을 모두가 충분히 받아들이고 즐기게 하라.

당신의 공간에 새로운 기회를 불러들여라

브라이언은 스스로 축하함으로써 새로워진 자기 집을 받아들였고 그곳에 익숙해졌다. 이제 다른 사람들을 초대해서 그 공간을 함께 즐길 때가 되었다. 우선 그는 오랫동안 만나지 못한 옛 친구들을 불러 모아 스포츠 중계방송을 보았다. 남자들 집단에는 완벽하게 즐거운 모임이었다. 그들은 브라이언이 준비한 프라이드치킨과 맥주를 맛있게 먹었다. 그들은 다시 만날 수 있었고, 브라이언은 자기 집에서 그들과 어울리면서도 정식으로 식사를 대접하는 문제를 영리하게 피했다. 식사가 배제된 가벼운 모임이었기 때문에 그 친구들 중 하나가 별다른 부담 없이 다른 친구를 데려올 수 있었다. 아주 예쁜 아가씨였다. 그녀와 브라이언은 서로에게 즉시 호감을 느꼈다.

브라이언은 두 번째 축하 파티를 열었다. 이것은 파티라기보다는 창의성과 동료애를 고취하는 동호회 모임에 가까웠다. 그는 다른 시나리오작가를 몇 명 사귀었고, 그들에게 서로 아이디어를 교환할 수 있는 글쓰기 모임을 만들자고 청했다. 그들은 매주 한 번씩 서로의 집에서 만나기로 했고, 브라이언의 축하 파티가 그들의 첫 번째 모임이 되었다. 옛 친구들을 초대함으로써 브라이언은 자신감을 되찾았다. 그리고 그 시나리오작가 모임을 통해 드디어 훌륭한 지지 기반을 구축했다고 내게 말하며 무척 행복해했다. 가벼운 커피와 도넛 모임은 결국 포트럭 파티로 바뀌었고, 그들은 영화배우를 초대하기 시작했다. 자기가 쓴 시나리오를 배우들이 연기하는 것을 보는 것은 그들에게 큰 기쁨이었다.

브라이언에게서 이 이야기를 전부 들었을 때 나는 더없이 행복했다. 그는 새로 꾸민 아파트를 이용해서 옛 친구를 다시 만났고 훌륭한 새 친구를 사귀었다. 하지만 시나리오작가로서 그가 품은 꿈이 아직 실현되지 않고 있는 것이 못내 걱정스러웠다. 몇 개월 후에 그에게서 전화가 왔다. 여전히 시나리오를 한 편도 팔지 못했고, 시나리오작가로 성공하는 꿈을 적어도 당분간은 포기할 생각이라고 했다.

"정말 안타깝네요." 내가 말했다. 솔직히 이것은 내가 기대했던 결과가 결코 아니었다. "그러면 무엇을 할 거예요?" 내 물음에 브라이언이 대답했다. "파티를 열 거예요! 텔레비전 대본 쓰는 일을 맡았거든요!"

인생에서 중대한 사건을 축하하라

아이가 어릴 때 부모는 아이가 해낸 모든 일을 축하하고 격려한다. 그림을 그렸어? 화가가 되겠구나. 혼자 신발 끈을 맸어? 천재가 따로 없구나. 생일 축하해! 너는 빛나는 별이야.

아이가 커감에 따라 그런 칭찬은 점차 드물어진다. 기적 같은 일을 해냈어도 칭찬이 항상 뒤따르지는 않는다. 가령 우리가 어려운 시험에 합격했거나 스케이트보드 타는 법을 배웠거나 건강하게 생일을 맞았어도 세상 사람들은 알아채지 못한다. 우리가 승진을 하거나 탁월한 기획안을 제출하거나 10킬로미터 마라톤을 처음 완주할 때도 배우자나 친구나 자녀가 케이크를 들고 문 앞에서 기다리고 있지는 않다. 우리는 새로운 물건을 장만하고 공간을 새로 꾸미며서 성공과 행복을 응원해야 한다. 이와 마찬가지로, 자신이 세운 목표를 달성했을 때 일정을 마련해서 그 성공과 행복을 예우해야 한다. 그리고 다른 사람들을 초대해서 그 행운을 함께 나눠야 한다. 그들의 성공과 성취를 즐겁게 축하함으로써 그들이 그 성공을 예우하도록 도와주는 것과 똑같다.

쉰 살이 되었을 때 나는 그 나이를 진정으로 축하하겠다고 마음먹었다. 쉰이라는 나이가 내게는 대단한 일로 느껴졌다. 그래서 대규모 파티를 열어 그 나이를 예우하기로 결심했다. 또한 그 생일은 나의 소든 하우스 리노베이션 작업이 끝나는 시점과도 우연히 맞아떨어졌다. 타이밍이 완벽해 보였다. 나는 쉰에 이른 나를 축하하고 싶었고, 나를 응원하는 사람들에게 감사하고 싶었다. 그러기 위해서 내가 새로 꾸민 공간을 그들과 공유하기로 결정했다. 그럼으로써 내 친구와 가족들은 그 공간을 통해 표현된 내 개인적 변화를 보고 느낄 수 있었다.

소든 하우스 리노베이션 작업을 하는 내내 나는 영혼의 공간을 창조하는 단계를 빠짐없이 거쳤다. 내 영혼을 깊이 탐구하고 더욱 원숙하고 현명해진 나의 자아를 완벽하게 보완하는 곳, 그 아름다운 공간을 창조하기 위해 나는 오랫동안 힘들게 작업했다. 이제는 긴장을 풀고 그 고된 작업의 결과를 마음껏 즐길 때가 되었다. 이런 유형의 축하는 반드시 필요하다. 그것은 단지 예우가 아니라 기회이기 때문이다. 그 축하 파티는 내가 나를 계속 새롭게 창조하고 나를 줄곧 전진하게 해줄 변화를 계속 추구하는 데 필요한 지지 기반을 구축하는 기회였다.

친구들에게 나는 선물을 들고 오지 말고 각자 창의성이나 예술 감각을 표현해달라고 부탁했다. 내 친구 트레이는 스틸트 댄스(stilt dance : 죽마를 다리에 묶고 추는 춤) 전문 무용단을 운영하는 빼어난 안무가다. 축하 파티에 목신(牧神) 분장을 하고 나타난 트레이는 아름다운 춤으로 나를 기쁘게 했고 모든 손님의 갈채를 받았다. 오페라 가수 매기는 이탈리아어로 아리아를 불렀다. 다른 친구는 시를 읊었다. 그것은 내가 경험한 가장 감동적인 파티였다. 내가 주최했든 손님으로 참석했든 그렇게 즐겁고 독창적인 파티는 처음이었다. 내가 그렇게 감동한 까닭은 그것이 무한한 애정과 창의성과 진심을 다해서 모든 참석자가 함께 창조한 파티였기 때문이다.

그 축하 파티에서 나를 가장 크게 감동시킨 순간은 제이슨이 피아노 앞에 서서 모두를 위해 노래를 부른 때였다. 제이슨을 사랑하고 그와 함께 지낸 지 6년이 지났지만 그때까지 내가 그의 노래를 들은 것은 딱 한 번뿐이었다. 제이슨의 목소리는 신비롭고 온화해서 다른 사람들을 치유하고 축복하는 듯이 들린다.

존 부치노(John Bucchino: 미국 작곡가)의 노래 〈그레이트풀(Grateful)〉의 첫 소절이 제이슨의 목소리를 통해 울려 퍼지자 서로 웃고 떠들던 청중이 일제히 침묵했다. 그 공간에 떠돌던 모든 에너지가 제이슨에게 집중되었다. 그가 노래를 시작하는 순간, 내 눈에서는 눈물이 흘렀다.

내 인생을 축하하고 내 공간을 축하하는 참으로 아름다운 파티였다. 그 공간에서 나는 그 어느 때보다 훨씬 더 편안하고 행복했다.

공동체와 함께 축하하라

영혼의 공간을 창조하는 과정은 당신 자신과 당신이 사는 공간을 새롭게 바꾸는 것으로 시작한다. 그리고 친구와 가족들로 이루어진 지지 기반에 이어 공동체의 지지 기반을 구축하는 것으로 나아간다. 축하 단계에서는 베풀고 함께 나누는 것이 중요하다. 이 단계는 당신 자신을 위한 안전하고 아름답고 안정적인 공간을 창조함으로써 당신의 정신을 유연하게 단련하여 이 세상에 존재하는 모든 곤경을 헤쳐나갈 수 있도록 돕는 것에 치중한다. 내가 축하 파티와 이벤트를 여는 장소는 레스토랑이나 외부 공간이 아니라 거의 항상 내 집이다. 그 이유는 그 파티가 깊은 친밀감과 애정으로 충만하기를 원하기 때문이다.

나는 로스앤젤레스에 있는 소든 하우스에서 다양한 비영리단체들과 협력해서 자주 파티를 연다. 그 단체가 더 많은 대중의 관심을 받을 수 있도록 내 공간을 빌려준다. 누구나 로이드 라이트의 건축물을 구경하고 싶어 하는 것 같기 때문이다. 주목받는 것이 불편한 사람에게는 이런 종류의 축하 파티가 이상적이다. 당신이 돕고 싶은 대의에 이목을 집중시킴으로써 자기 공간을 공유하고 공동체를 위해 선행을 하며 즐거운 시간을 보낼 수 있다.

세상 사람들과 함께 축하하기

당신 자신과 자신의 공간을 축하하고 그것에 친숙해진 후에는 다른 사람들을 불러들여야 한다. 영혼의 공간의 도움으로 나는 내 거주 공간에서는 물론이고 나 자신의 내부에서도 진정한 안식처를 찾게 되었다. 이 창조 여행을 하는 동안 당신은 자기 자신 및 자기 공간과 더욱 친해졌다. 이제는 당신 주변에서 살고 있는 세상 사람들과도 더욱 친해져야 한다.

끝맺는 말

영혼의 공간에 도달한 당신께 축하를

당신은 집에 도착했다. 축하한다. 오늘은 정말로 새로운 날이다.

당신은 영혼의 공간을 창조하는 과정을 완수했고, 그곳에 실제로 있는 것들을 새로운 눈으로 보고 자신의 창의성을 활용하는 데 익숙해졌다. 그러므로 이제는 영혼의 공간을 창조하는 그 과정을 당신 인생의 모든 영역에 적용하기를 바란다.

당신이 성장하고 변화함에 따라, 당신의 열망이 달라짐에 따라 당신은 자신의 주변 환경을 저절로 평가하고 개선하면서 영혼의 공간을 자신의 영혼에 걸맞게 계속 바꿔나갈 것이다. 서두르면 안 된다. 한 걸음씩 나아가라! 영혼의 공간을 창조하는 과정은 평생 동안 당신을 도와줄 것이다. 그 과정을 마치기까지 시간이 얼마나 오래 걸리는지는 중요하지 않다. 중요한 것은 당신이 시작한다는 것이다.

당신은 가장 아름답게 살 수 있다. 그리고 가장 아름답게 살 자격이 있다. 당신의 영혼은 당신이 그 영혼을 감시하고 당신 자신을 표현하기를 기다리고 있다. 그리하여 당신 내면에 살고 있는 진짜 당신을 실제로 보고 느낄 수 있기를 기다린다. 아름다워져라. 가장 완전한 당신이 돼라. 가장 아름다운 당신이 돼라.

　다른 사람들의 스타일은 신경 쓸 필요가 없다. 당신은 자신의 어떤 면을 사랑하는가? 자신에 대해 무엇을 알아내고 싶은가? 당신 영혼의 어떤 면을 표현하고 세상 속에서 자유롭게 발휘해야 하는가?

　당신이 사랑하는 것을 찾아라! 당신의 목소리를 찾아라! 당신 자신을 찾아라! 영혼의 공간은 당신의 안전한 휴식처, 당신이 스스로를 탐구하고 표현할 수 있는 공간이다. 당신 자신을 마음껏 실험하는 연구실이다. 필요하다면 소파를 백 번이라도 옮겨라. 딱 맞는다고 느껴질 때까지 시도하라. 그때가 언제인지를 당신은 알 것이다. "맞아, 이거야!"라는 느낌이 마음을 울릴 것이다.

　그러니 부디, 자신을 믿어라. 색다른 것을 시도하라. 새로운 사람을 사귀거나 새로운 직업을 얻는 등, 새로운 여행을 시작할 때마다 주변에 있는 물건의 위치를 바꾸고 변화를 주어야 한다. 소라게는 몸집이 커짐에 따라 소라 껍데기를 바꾼다. 그렇게 하지 않으면 죽고 만다. 인간도 마찬가지다. 성장함에 따라 우리는 자기가 사는 공간을 바꿔야 한다.

　당신이 사는 공간은 당신과 함께 변화하고 성장하는 생명체가 되어야 한다. 그렇게 될 때 그 공간은 항상 새로울 것이며, 당신은 항상 영감을 얻을 것이다. 그 공간의 내부는 당신 내면의 확장판이어야 한다. 당신의 내면과 외부 공간이 조화를 이룰 때 당신은 평화로워진다.

그러니 당신의 공간에서 편안하게 머물고 당신이 사랑하는 모든 것에 손을 내밀어라. 당신의 영혼을 감지하고 당신이 살고 있는 공간과 친해져라. 영혼을 위한 공간을 창조하는 것은 당신이 자신에게 줄 수 있는 가장 좋은 선물이다.

새로운 공간에서
새로운 인생을 시작한 것을 축하하며,
소린

감사하는 말

내 가족들, 혈연으로 맺어진 가족은 물론이고 내 결정으로 인해 갖게 된 가족에게 감사한다. 돌아가신 친어머니 셀마, 아버지 헨리, 두 형제 크레이그와 배리, 내 인생의 동반자 제이슨, 새어머니로 인해 생긴 형제 노먼에게 감사한다. 이들은 항상 나를 믿어주었고 내가 내 잠재력을 까맣게 잊고 있을 때마다 그것을 일깨워주었다. 그들이 없었다면 지금의 나는 존재하지 않을 것이다. 제이슨에게 특히 감사한다. 이 책을 쓰는 동안 내가 그 모든 극심한 불안을 잠재우고 자신감을 되찾고 내적 평화에 이를 때까지 제이슨은 옆에서 한결같이 나를 지지하고 참아주었다.

헨리 블룸스타인에게 감사의 마음을 전한다. 이 책의 집필을 처음 준비할 때부터 그는 내 모든 생각과 책 내용을 함께 구성했다. 영혼의 공간을 창조하는 과정을 전적으로 신뢰하고 이 책이 출판되기까지 물심양면으로 도와준 노먼 드로미에게도 감사한다. '윌리엄 모리스 인데버

(William Morris Endeavor)'의 내 에이전트, 이보 피셔와 레베카 올리버에게 감사한다. 레베카는 이 책을 믿어주고 가장 훌륭한 출판사를 찾아냈다.

《뉴 월드 라이브러리(New World Library)》의 편집장 그레고리 휴즈와 교열 담당자 크리스틴 캐쉬먼에게 진심으로 감사한다. 휴즈는 이 책을 처음부터 신뢰하고 사랑했으며 캐쉬먼의 섬세하고 꼼꼼한 작업 덕분에 최종 원고가 훨씬 더 명확해졌다.

무엇보다 산드라 바크에게 깊이 감사한다. 공동 저자이자 내 친구로서 그녀는 자신의 시간과 마음과 영혼을 이 책에 기꺼이 제공했다. 산드라는 다른 사람들과 공유할 중요한 뭔가가 내 안에 있다는 것을, 겉으로 표현되기를 원하는 책이 내 마음속에 있다는 것을 굳게 믿었고 이 책을 세상에 내놓기 위해 어떤 고생도 마다하지 않았다. 내가 다른 사람들과 공유하기를 그토록 원했던 아이디어와 영감을 단어로 표현하도록 돕는 작업을 산드라 바크는 완벽하게 해냈다.

아름다운 서문을 써준 메리앤 윌리엄슨의 우정과 아량에 거듭 감사한다.

모든 생명의 원천이자 내가 참된 삶을 꾸려가도록 항상 이끌어주는 신에게 감사한다. 그리고 모든 독자에게 깊이 감사한다.

옮긴이의 말

 소중하고 아름다운 물건으로 꾸며진 깔끔하고 아늑하고 따뜻하고 쾌적한 공간. 오감을 만족시키고 항상 꿈과 소망을 일깨워주는 편안한 내 집. 모두의 바람일 것이다.

 건축물 복원 전문가이자 인테리어 디자이너로서 소린 밸브스는 공간 개조를 각자의 인생을 더욱 아름답고 충만하게 바꾸기 위한 수단으로 여긴다. 단지 값비싼 물건으로 들어찬 공간, 남 보기에 그럴듯한 공간을 만드는 것이 목표가 아닌 것이다. 그리고 이 책《공간의 위로》에서 간단하고도 체계적인 여덟 단계를 통해 우리가 공간을 바꿈으로써 인생을 바꿀 수 있게 도와준다. 영혼의 공간이란 세상 속에서 일과 사람에 치여 녹초가 된 우리의 몸과 마음과 영혼을 위로하고 활기를 불어넣어 다시 세상 속으로 씩씩하게 들어가 꿈을 추구하게 해주는 공간이다. 그런 공간을 갖고 싶어서 공간 개조 작업을 시도한 경험이 누구에게나 있을 것이다. 하지만 대부분의 경우, 공간이 좁아서, 돈이 모자라서, 시간이 부족해서, 감각이 없어서 등을 이유로 가구의 위치만 바꾼다든가 먼지만 털어내고 말든가 유행하는 스타일이 뒤섞인 낯선 공간을 만드는 것으로 끝나기 일쑤다. 소린 밸브스는 그런 이유는 모두 핑계에 불과하며 누구든지 잠재된 창의성을 발휘해서 자신이 현재 살고 있는 공간을 영혼의 공간으로 바꿀 수 있다고 단언한다. 공간의 크기와 예산과 미적 감각에 상관없이 의욕과 호기심과 실행만으로 누구나 해낼 수 있다는 말이다.

　영혼의 공간은 단어 그대로 영혼이 편히 쉬는 공간이며, 소린 밸브스가 말하는 아름답고 충만한 인생은 물질적 성공과 정서적 안정과 영적 성장을 골고루 갖춘 인생이다. 그러므로 공간 개조에 앞서 자신의 영혼을, 깊은 내면을 탐구하는 일이 선행되어야 한다. 공간 디자이너답게 그는 공간을 꾸민 방식과 거기 놓인 물건을 단서로 삼아 자신의 참모습을 알아내는 법을 알려준다. 그리고 자기 공간의 장단점을 알아내서 활용하고 수정하고 꿈을 찾아내 추구하게 돕는다. 공간 디자인에 관한 책임에도 이 책《공간의 위로》에는 '올바르게' 꾸며진 공간에 관한 사진이 한 장도 없다. 사람마다 처한 형편과 성격과 취향과 욕구와 소망이 저마다 다르므로 특정 스타일로 디자인된 공간을 정답으로 제시할 수 없기 때문이다. 각자의 참모습이 온전히 표현된 영혼의 공간은 이 세상에 단 하나밖에 없기 때문이다. 공간 꾸미기의 기본은 정리 정돈이겠지만 창조적인 사람의 약간 '혼돈스러운' 공간은 그 사람의 영혼의 공간이다. 남들이 '미쳤다'고 비난해도 자신의 욕구를 충족시키고 자신에게 안락과 행복을 주는 곳은 그 사람의 영혼의 공간이다. 따라서 다른 사람들의 스타일과 틀에 박힌 고정관념과 일시적인 유행을 묵살하고 자신의 잠재력과 직관을 믿어야 한다. 몇십 년 된 닳고 닳은 물건이나 남들이 버린 쓰레기도 나를 감동시키는 장식품이 될 수 있다.

  영혼의 공간은 과거와 현재와 미래의 내가 조화롭게 공존하는 곳이다. 그러므로 영혼의 공간을 창조하는 과정은 한두 번으로 끝나는 일이 아니라 생의 중요한 순간마다 그 순간의 내 모습을 파악하고 앞으로 되고자 하는 모습을 찾아내서 그에 맞게 공간을 새로 꾸미는, 일생에 걸쳐 지속되어야 할 작업이다. 소린 밸브스는 전문 디자이너로서 지닌 지식을 일방적으로 강요하지 않고 소중한 친구의 안위를 염려하듯이 다정하게 조언한다. 그의 따뜻한 진심이 담긴, 영혼의 공간을 창조하는 여덟 단계를 차근차근 행하다 보면 누구든지 몸과 마음과 영혼의 안식처를 스스로 창조하고 그곳에서 자신이 원하는 삶을 살아갈 수 있을 것이다.

옮긴이 **윤서인**

대학에서 심리학을 전공하고 현재 전문 번역가로 활동 중이다.
옮긴 책으로 《조화로움》, 《같이 일하고 싶은 여자》,
《삶에서 깨어나기》 등이 있다.

공간의 위로

1판 1쇄 발행 2014년 7월 30일
1판 4쇄 발행 2020년 6월 20일

지은이 소린 밸브스 | 옮긴이 윤서인
펴낸곳 (주)문예출판사 | 펴낸이 전준배
출판등록 1966. 12. 2. 제 1-134호
주소 03992 서울시 마포구 월드컵북로 6길 30
전화 393-5681 | 팩스 393-5685
홈페이지 www.moonye.com | 블로그 blog.naver.com/imoonye
페이스북 www.facebook.com/moonyepublishing | 이메일 info@moonye.com

ISBN 978-89-310-0780-0 13320

이 도서의 국립중앙도서관 출판시도서목록(CIP)은 서지정보유통지원시스템 홈페이지
(http://seoji.nl.go.kr)와 국가자료공동목록시스템(http://www.nl.go.kr/kolisnet)
에서 이용하실 수 있습니다.(CIP제어번호 : CIP2014021372)